神仏のみことば

桜井識子

宝島社

はじめに

この本を手に取っていただき、ありがとうございます。

私はこれまでに単行本を30冊刊行し、ほかにもカレンダーや文庫本を出しています。それぞれの単行本には、その本にしか書いていない情報が多くあります。

ありがたいことに読者さんから、多くのメッセージやお手紙をいただくのですが、そこに書かれている質問の中には、「その答えはあの本に詳しく書いているんですよ〜」というものが少なくありません。

そこで、本書は今までの単行本の中から、大事だと思われる神仏の言葉やエピソードをピックアップしてみました。

もちろん、新たに取材した神社のエピソードもしっかり入れています（第6章です）。

私の心を救ってくれた神様がいて、その時のことを詳しく書きました。私は２０２３年に、心の調子がここまで悪くなったことは一度もないというくらい、暗く落ち込んだウツのような状態になりました。自分ではどうしようもなく、病院に行かないとダメかもしれないと思っていました。その私の心を治してくれた神様のことを書いています。

神戸にある湊川神社のご祭神である楠木正成さんが、後醍醐天皇に、神様修行に入ったほうがいいことをさりげなく提案した方法も書きました。私も後醍醐天皇に同じことを伝えたことがあるのですが、ストレートに進言したため、シッシッと追い払われたのです。正成さんのアドバイスは大変勉強になりました。

生前は農民だったけれど、信念を持って正しく生きた神様のお話も書いていますし、大昔に大陸から流されてきたお姫様のような神様にもらった言葉も書いています。どの神様の言葉もとても参考になりますし、常に心に置いておきたいものばかりです。

人生には、つらいことや苦しいこと、悲しいことがたくさんあります。そのような時に心に火を灯してくれる言葉、こじれた人間関係を修復するための気づきとなる言葉、運気を低迷させないために知っておくべき言葉など、神仏のアドバイスはありがたいものばかりです。

神仏をもっと理解するために、そして自分の霊格を落とさないために、心に持っておくとよい言葉もあります。

人生をよりよくする、生きやすくするエッセンスとして、多くの方に読んでいただけたら嬉しく思います。

桜井識子

目次

第2章 心をラクにする

第3章 身を守る

第4章　人生をよりよくする

第5章 神仏を知る

第6章　日々を明るく豊かにする

第1章

幸運を呼び込む

自分を信じる気持ちを減らしてはいかん
人間の〝信じる〟気持ちには力がある

何かを成し遂げたいと思っている、絶対に叶《かな》えたい夢がある、という人は心に置いておくといい言葉です。

いつ、いかなる時も自分を信じる……この気持ちは非常に大切です。

自分は絶対にできる、少々のことではあきらめない、へこたれない、このように自分を〝信頼する〟ことが成功につながります。

夢をつかむためには、自分を信じる気持ちを常に満タンにしておき、絶対に減らしてはいけない、と奈良県にある「石上神宮」の神様が言っていました。

成功を手に入れる道の途中で、もしかしたら、誹謗《ひぼう》中傷される、足を引っ張られる、時にはあからさまに攻撃をされる、などのことがあるかもしれません。考え方やものの見方の違う人がいるのですから、嫉妬されたり嫌悪感を持たれたりすることもあると思います。世の中の人がみんないい人、優しい人ではないのが実情です。

激しい誹謗中傷やひどい攻撃にあうと、どうしても落ち込んでしまいます。落ち込んだり、ショックを受けたりすると、自信を失《な》くします。自信を失くすことは、イコール、自分を信じる気持ちが減る、ということなので気をつけたほうがいいです。

もしも批判されて、反省すべきところがあると思えば、反省すればいいだけの話です。人から言われる理不尽な批判や攻撃を、全部正面から受け止めて心に傷をつける必要はありません。傷ついて弱ってしまうと、自分を信じる気持ちが激減してしまいます。

神様が言うように、人間の〝信じる〟気持ちには力があります。

この信じる気持ちというのは信仰心と同じです。信仰心は、少し力が衰えた神様でさえ、元気にするパワーを持っています。他にも、神様修行中のお方をぐ〜んとパワーアップさせるくらい、力があるのです。

この信じる気持ちを……つまり、信仰心を自分に対して持つ、言い方を変えれば、「自分を信仰する」ということがポイントです。神仏を敬う人は、神様に対しても効果がある信仰心パワーを持っており、その力は人間が思っている以上に大きいのです。

自分を信仰することで、信仰心パワーを自分にも向けることができます。自分をぐ〜んとパワーアップできます。

そうなると不思議なことに、現実のほうが自分に合わせてくれるようになります。もっとハッキリ言えば、現実のほうから夢を叶えるように動くのです。人間はすごいですね。

たとえば、絵を描く才能を持っている人が2人いたとします。一方の人は才能が10点満点の10点。すごい才能です。だけれど自分を信じる気持ちは5点です。もう一方の人は才能は5点しかないけれど、自分を信じる気持ちが10点満点です。この場合、後者のほうが成功しやすいのです。

それくらい自分を信じる気持ちは大切です。成功運を引き寄せる、チャンスをものにするのは、才能そのものではなく自分を信頼する気持ちだからです。

ですから、逆に言えば、才能があるのにどうして花開かないのだろう？　という人は、自分を信じる気持ちを高めることをおすすめします。

（出世の石段から）下りるなよ
縁起のよい場所で逆の行動をしてはいけない

境内に「出世の石段」がある神社があります。東京都の「愛宕神社」です。参道の石段を上ると出世する、ということが由緒とともに伝わっていて、縁起のよい神社でもあります。

このようなところでは逆の行動をしないようにします。

出世の石段を例にしますと、石段は〝上る〟とよい運気の方向に向かせてくれるようになっています。そこに前向きな気持ち（明るく希望を持つなど）のパワーを加えると、よい運気のほうに進めます。運気が停滞していたら、その流れをよい方向に変えられるというありがたい石段なのです。

私がこの石段を下りようとした時、神様に、

「そこから下りるなよ」

と言われました。運気を上昇させる石段は〝上る〟のはいいけれど、〝下りる〟のはよくないのです。

このように何かをすると縁起がよいとされているところでは、逆の行動をしないようにします。自分で自分の運気を下げるようなものだからです。

たとえば、撫《な》でると運気が上がるとされている「打出の小槌《こづち》」があったとします。参拝者はみんなそれを撫でているのに、自分だけピタピタと叩《たた》いてみる、とかです。どこかのSNSに軽く叩いたほうが運気が上がると書かれていても、逆の行為はおすすめできません。

「茅《ち》の輪くぐり」もそうです。神社の案内には左まわりでくぐると縁起がよい、運気が上がる、と書かれていたとします。でも、ネットでは右まわりでくぐったほうが運気が上がるという噂《うわさ》がある……。この場合も、私だったら神社の指示通りにくぐります。逆の行動はしません。

行為自体をしないのはまったく問題ありません。

この池でお金を洗うと運気が上がる、金運がアップすると書かれていても、洗わないのはオーケーです。出世の石段を上らない、打出の小槌を撫でない、茅の輪をくぐらないなど、それは大丈夫なのです。

わざわざ反対のことをしなければ、運気を下げることはありません。

運気はひょんなことから、一気に下降することがあり、その下降を止めるのが困難な場合もあります。さらに、下降中の運気を上昇させるのはかなり難しいので、大事な自分の運気を軽率な行動で落とさないように気をつけます。

このように自分で運気を守るためにできることがあるのは知っておいたほうがいいです。

仲がいいのはよいことである
愛情の袋を常にいっぱいにしておきなさい

元夫と一緒に行ったことがある、香川県の「金刀比羅宮」に、ひとりで参拝した時のことです。神様にこう聞かれました。

「前に一緒に来た者はどうしておるのか」

「婚姻は解消しましたが、今でも仲良くしています」

「仲がいいのはよいことである」

神様はニッコリと微笑《ほほえ》んでいました。

私の言葉を聞いて、神様は、仲がいいのはよいことだと言いました。

これは男女間に限定された仲のことを言っているのではなく、相手は親でも、子どもでも、友だちでもいいのです。

誰かと仲良くすることは素晴らしくよいことだそうです。仲良くできるのは、相手のことが大好きなわけですから、その「人を思う気持ち」「人を大事にする気持ち」がとてもよいと言っていました。

しかし、人生のパートナーとまだ出会っていない、親と関係がうまくいっていない、友だちにもそんなに親しい人はいない、という人もいると思います。現代は複雑な社会ですから、そのような人も珍しくないのではないでしょうか。

その場合、相手は芸能人でも、歴史上の人物でもオーケーだそうです。大事なのは、誰かのことを「思う」気持ちだからです。どこかの誰かに対する〝愛情〟が大切なのですね。

人間は、心の中に持っている〝愛情の袋〟を、常にふくらませておかなければなりません。袋がしぼんでいると、本人にとってよくないからです。

人を思う、愛する気持ちは、光り輝く力を持っています。この力は奇跡さえも起こせるほどに強いです。その強い力を自分の中に、袋いっぱいに持っている人と、ほとんど持っていない人とでは、見えない世界での霊的な力が全然違います。

「魔」や不運を寄せつけない、幸運を引き寄せる、そういう部分で大きな差があるのです。心の内側に愛の力を持っていなければ、よくないものに支配されやすかったりもします。

「でも私には、どんなに探しても、袋がいっぱいになるような大好きな人がいないのです」という人もガッカリする必要はありません。対象はひとりだけに限定しなくていいからです。

夫(妻)、恋人、子ども、親、友人、ひそかに思いを寄せている人、テレビの向こうにいるアイドル、アニメや漫画の登場人物、というふうに、いろんな人への愛情が集まって、トータルで袋がいっぱいになればそれでオーケーです。もちろん、ペットへの愛情も含まれます。

大事なのは、愛情をたくさん持つ、ということです。

ちなみに空海さんや最澄さんが好き、晴明さんや牛頭天王が好き、というように、神仏が大好きというのももちろんアリです。芸能人や歴史上の人物が相手だと愛は返ってきませんが、神仏だったら「ご縁を与えてくれる」という形で、愛が返ってきます。ありがたいですね。

自分は誰からも愛されていない……と悩んでいる人がいるかもしれませんが、それは悩むことではありません。逆に、誰も愛せる人がいない……というほうが悩むべきことなのです。

魂は、誰かに愛されると輝くのではなく、自分がたくさんの愛情を持っていたら、キラキラと輝きます。魂の輝きは他人にゆだねられる（他人が愛してくれるかどうか）のではありません。

輝かせるのは自分なのです。

そこをしっかりと理解していれば、幸せの意味が変わってきますから、人生もよいほうへと変わっていきます。神様が教えてくれたように、袋を常にふくらませておく、というイメージを持つと、より意識しやすいように思います。

苦しい時、つらい時にこそ
ニコニコと笑顔をたくさん作りなさい

この言葉にはふたつの意味があります。ひとつめは、心の状態を暗く、悪くしないために笑顔を作ってみなさいという意味です。

家族、会社の人、お客さんなど、人に向かって頑張って笑顔を作るのもいいですし、誰もいないところで、ひっそりとひとりで笑顔を作ってもかまいません。人に向かって微笑むことが重要なのではなく、笑顔という表情を作ることが大事だからです。

といっても、おかしくもないのに笑顔を作るのは難しいです。妙にひくひくと引きつってしまい、無理やり作ってみました！　という感じになったりします。最初はこれでもいいのです。そのうち慣れてきて、うまく笑顔を作れるようになります。

不思議なことに、人間は表情が笑顔だったら心（魂）もつられて、笑顔の方向に動きます。気持ちが大きく変化する、ハッキリとわかる、というほどのものではありませんが、心の奥底ではニッコリする方向に動いているのです。

心がちょっぴりふくよかになり、魂レベルで心が落ち着き、安定します。顔につられて心もニコニコするからです。

神様が言うには、どんなに苦しいことがあっても、どんなにつらいことがあっても、笑顔を忘れてはいかん、とのことです。苦しい時、つらい時にこそ、ニコニコと笑顔をたくさん作りなさいと言っていました。

「顔だけでも福々しい笑顔にしておきなさい。そうすれば心もついてきて、どん底まで落ちない」と教えてくれました。苦しい時、イライラしている時、つらい～と嘆きたい時でも、このように自分で自分を救う方法があるのです。


ふたつめの意味は、笑顔を保つのは「魔」を追い払うコツでもある、ということです。

どんなに苦しいめにあっても、つらいめにあっても、ニコニコしている、そんな人に「魔」は長く憑《つ》きません。

「魔」に憑かれて運気が大幅に下降する、体調が悪くなる、心の調子が悪くなる、それでもニコニコしていると「魔」は離れていきます。

「こいつは苦しくても、人をうらやんだり、世間を恨んだり、憎しみを持って毒を吐いたりしない。なぜかニコニコしている……。ワシらが好むどす黒い悪念を持たない人間だったのか。なんだ、じゃあ、ワシの好きなタイプではないわ！」

ということで離れていくのです。

心を暗闇に落とすことなくニコニコしていれば、「魔」が〝自分から離れていく〟というわけです。

「しまった！　こいつ、嫌いなタイプの人間やったわ。憑いて損したわ」と、さっさと逃げていきます。

笑顔を奉納してほしいと言ったのは、「旦飯野神社《あさいいの》（新潟県）」のご祭神である、〝福の神〟です。福の神様ご自身は、笑顔に強力なパワーがあり、その笑顔で福をもたらしてくれます。笑うとパワーがドバーッと放出されるのです。その福の神様が、参拝者にニコニコしてほしいと言っていたのは、「笑顔が好きだから」だそうです。

福の神様に限らず、他にも福の神様のように笑顔の奉納を喜ぶ神様もいるはずです。

神社に行くのは、悩みをなんとかしてもらいたい、願いを叶えてほしい、という人がほとんどだと思います。そのような時は真剣にお願いするあまり、眉間にシワを寄せているかもしれません。

そのような顔を神様に見せるのではなく、笑顔の奉納もアリ、ということは心に置いておいたほうがいいです。どこの神社でも笑顔の奉納を心がけます。

希望や願いごとを叶えたければ
夢物語にしない

夢や希望、願掛けが叶わない理由のひとつに、自分でそれを夢物語にしている、というパターンがあります。

たとえば、一生をともにするよきパートナーと出会いたい、という願掛けをしたとします。いい人とめぐり合って、恋をして、仲良く歳《とし》を取っていけたらいいな、という希望を神様に語ります。

「今とは違った彩りの人生にしたいです。せっかくの人生ですから、もっと謳歌《おうか》したいと思っています。今よりもさらに充実した生き方ができたらいいな、と考えています」

このようにしっかりとした願掛けは叶えてもらいやすいです。

けれど、こういう人と出会えたらいいな〜、と考える時に、その相手をアニメや映画、小説の登場人物のような「現実にはいない人」という感じで想像することは、その願掛けを夢物語にしてしまう可能性があります。

出会いたいと願う相手を白馬に乗った王子様のように考えたり、大好きな芸能人のような感覚でとらえたりすると、その願いは夢物語になってしまうかもしれません。

出会った人との結婚生活にしても、相手が海外勤務になって、ニューヨークの高級でオシャレなタワマンに住み、インテリアは雑誌に載るくらいセンスのよいものにして、大好きな人と暖炉の前で読書なんかしたりして……というふうに、なんと言いますか、現実にはないバーチャルな世界を創造する、つまり、仮想世界を作って、そこにほんわかとひたっていると、願いが夢物語になってしまうのです。

ニューヨークのタワマンとか、暖炉とか、想像する〝内容〟に問題があるのではなく、その時の〝気持ち〟が夢物語にしてしまうわけです。現実にはないものに憧れる、夢の世界に憧れる……そういう気持ちだからです。

自分で出会いや結婚を、手の届かない（無意識にそう思っています）夢のお話にしてしまうので、非常に現実化しにくくなるわけです。

宝くじもそうです。10億円当たったら会社を辞めて、豪華な家を買って、ハワイに1ヶ月ほど旅行に行って……と想像している、その〝気持ち〟が思いっきり「夢の世界に憧れている」というものになっています。

無意識のうちに、10億円当たることは夢の話、想像だけの世界、として自分の中に置いているわけですね。これも自分で夢物語にしているため、現実化されにくいのです。

ある意味、腹をくくることも大事だと「神田明神（東京都）」に祀《まつ》られている、平将門さんが言っていました。

白馬に乗った理想の王子様との出会いをほわ〜んと夢見るよりも、スパッと割り切って「出会いがないのなら、おひとりさまで生きていこう」と腹をくくると、夢物語を作りません。するとと、逆にこちらのほうが効果があって出会えたりするのです。

昔の戦では、腹をくくった潔い人、そういう人が勝っていたと言っていました。

おひとりさまでもいいやと腹をくくれば、マンションを買おうとか、老後のための資産をなんとかしようとか、趣味を大切にしようなど、考えることがたくさん出てきます。すると、夢を見ることをしなくなるので、現実化しやすくなるというわけです。

神と人間の間に壁を作ってはいかん
神のほうからは愛情を与えている

読者さんからもらった質問について神様に聞いてみたことがあります。

「神様に愛される人ってどういう人でしょうか?」

「その質問は、神に愛される人と、愛されない人がいるみたいな言い方だな」

神様は笑いながらそう言っていました。

神様はえこひいきをしません。ですから、愛を与える人と与えない人の2種類がいるわけではないのです(悪いことをしない普通の人の場合です)。これは人間の受け取り方によって、差があるように感じているだけなのです。

神様の愛情を感じられる人は、歓迎のサインやさりげない恩恵など、たくさんのものを積極的に、自分から感じようとしています。自分から感じようとすれば多くのものが得られるので、そのたびに「嬉《うれ》しい」「楽しい」「ありがたい」というポジティブな気持ちになります。

その経験が積み重なっていくことで、ますます愛情を受け取りやすくなっていきます。

さらに、神様の愛情が表現されたものを素直に受け入れることは、神様霊能力を発達させるため、小さなサインにも気づけるようになって、愛情を受け取る回数が増えます。こうなると「神様大好き」という気持ちが濃くなり、ゆるぎない信仰心になります。

神様の愛情を感じられないという人は、神様のほうは同じように与えているのですが、それに気づいていません。鈍感なわけではなく、謙虚な人や遠慮がちな性格の人が多いです。いろいろと〝考えて〟しまうため、スッと入ってこないのですね。

たとえば何かよくないこと、不吉と思えるようなことがあったら、それを神仏と結びつけて、「自分は歓迎されていないのかも？」「嫌われているのかも？」と考えてしまうようです（魂が感じているのではありません。頭で考えているのです）。

神様が言うには「神のほうからは与えているので、人間が壁を作ってはいかん」とのことです。

「自分には霊感がないからわからない」と自分の能力を低く見ることも壁になっています。この場合、自分で「わからない」と決めつけているため、その通りになるわけです。

神仏の愛情を感じることはそんなに難しいことではありません。

私がこのお話を神様に聞いていた時は冬でした。けれど、蝶《ちょう》がそばをひらひらと飛んでいました。神様霊能力がしっかり開花する以前の私だったら、ここで大喜びをしています。

この蝶（小さなサイン）をどうとらえるのか、ここがポイントなのです。

蝶は霊的な虫ですから、霊能力がある人に寄っていったり、神様の意向をくんで歓迎のサインを伝える役目をしたりします。たまたま、そばを飛んでいるわけではないのです。けれど、蝶の存在に注意を向けなかったり、「歓迎のサインなんていっても、蝶なんてどこにでもいるし、たまたま飛んでいるのだろう」と思ってしまったりすれば、神様の愛情はその人に届きません。

神様は「よく来たな～」と、喜んでいる気持ちを、わざわざ見える形にして表現してくれているのですが、受け取る側が「いりません」と拒否をしているようなものなのです。

神様と話す能力……超古代の人間はみんなこれを持っていたそうです。みんなが神様とつながることができ、みんなが神様の声を聞くことができました。人間は本来この力を持っています。

ですから、自分には霊能力がないからわからないと、最初から「受け取れない」という姿勢でいるのではなく、「わかるはず」とポジティブに考え、現実の世界をしっかりと観察することが大事です。

これが神仏に愛されている実感を得るコツです。

縁結びはいらぬのか
仕事の縁でもいいぞ

日本にはごりやくの種類に特化した神仏がいます。神仏にはなんのお願いをしてもオーケーですが、そのごりやくに特別に強い神仏にお願いすると、他でお願いするよりも叶う率が高いです。

古代から縁結びとして有名だった神様に、

「縁結びはいらぬのか？」

と聞かれたことがあります。この時の私は、縁結びとは、ソウルメイトと会わせてもらえる、一生仲良くするパートナーを探してもらえる、ということだと認識していました。

私には人生のパートナーはいるので、せっかくお声をかけてもらったけれど……縁結びはいらないんだよね、と思いました。

すると、意外なことに、

「仕事の縁でもいいぞ」

と、言われたのです。

「えっ⁉　仕事の縁？　それでもいいんですか？　それも縁結び？」

私の驚く姿を見て、神様は愉快そうに笑っていました。

縁結びのごりやくは、生涯仲良くするパートナーとの縁を結ぶだけ、ではなかったのです。

神様は、よい仕事、大きな仕事との縁も結んでくれます。

台湾にいた月下老人という縁結び専門の仏様は、生まれてくる子どもとの縁も結ぶと言っていました（子宝祈願も叶うということです）。

パートナーに限らず、何かを指導してくれる人とか、一緒にビジネスをしてくれる人とか、そういう縁結びもアリなのです。人ではない、何かとの縁を結んでほしい、という場合も、神様によるという部分はありますが、聞いてもらえます。

縁結びの神様のごりやくを、ソウルメイトとの出会いのみ、としか考えていなかったらもったいないです。仕事や趣味など、いろんなことにごりやくをいただける神様なのです。

一度結ばれた縁はずっと続いていく
だからこそ神に縁結びを願うといい

人生のパートナーとなる人はソウルメイトである、ととらえている人が多いと思いますが、必ずしもそうではありません。というのは、ソウルメイトと約束をしていても出会えないことがあるからです。

あちらの世界で「会おう」と約束してきたソウルメイトとは、ほぼ出会えるようになっています。しかし、会えない状況になることもあるのです。人生には予定していないアクシデントが起こったりするためです。

そのような状況になったら、〝新しい縁〟で結ばれた人と人生を歩む人もいます。

ソウルメイトは誰にでもいますが、この人生では出会うことを予定していない、というパターンもあります。このような人は、いつもと同じソウルメイトと人生を送るのではなく、今世は〝新しい縁〟として出会った人と人生をやってみよう、と計画して生まれています。

ここでいう〝縁〟とは、好ましい人と知り合うとか、知り合ったその人とお付き合いを始める、といった軽いものではありません。何年間か恋人になる、今世だけ夫婦になる、よって死んだら関係は終わり、という一時的なものではないのです。

一度〝結ばれた縁〟は今世だけでなく、来世にも、さらにその先の人生にもずっと続いていきます。縁とは、人間が考えているよりももっと深く、もっと強い結びつきなのです。

そしてそれは〝魂の一生〟を左右するほどのものです。

となれば、そのへんの適当な人とではなく、素晴らしくいい人と縁が結ばれたいと思うのではないでしょうか。

そこで神様が口にしたのが、この言葉です。

「だからこそ神に縁結びを願うといい」

好みのタイプを言っておけば、神様はできるだけ希望に合った人を探してくれるそうです。

あの人と結ばれたい、とすでに心に決めた人がいたら、その人を見に行ってくれます。その人に出会う予定のソウルメイトがいたら、縁は結んでもらえません。いなければ、よい人間かどうかを見極めて、よい人間なら縁を結んでくれます。もしも、悪い人間だったら縁は結びません。

新しい縁を作るために生まれてきた人は白紙の状態です。ですから、誰とでも縁を結べます。

けれど前述したように、縁を結ぶとはこの先もず～っと続く関係になるということですから、そのような人物を、人間の感覚だけで選ぶのは、ちょっと怖いような気がします。

たとえば、「あの人、いいな～」と思った人が実は嘘《うそ》を平気でつく人だったとします。神様だったら、嘘が口から出た瞬間に嘘だとわかります。けれど、人間である私たちには巧妙な嘘はなかなか見抜けません。気づくには時間がかかります。

うわ！　よくない人だった！　と気づいた時には夫婦になっていたとか、何年もともに過ごしていたとか、すでに縁を結んでいたとしたら怖いです。すべてがしっかり見える神仏に探してもらうのが一番です。

神社仏閣で縁結びをお願いしても、生まれる前に予定をガッチリ決めてきた人は、いくら神様がよい縁のきっかけを渡したところで、結局は決めた相手と一緒になります（相手はソウルメイトとは限りません）。

私たち人間は自分に予定があるかどうかわからないため……とりあえず神仏に縁結びをお願いしておいたほうがいいと思います。

最後に余談として書いておきますが、付き合った相手がすべて（結婚相手も含みます）〝縁〟が結ばれた人なのか、というとそうではないパターンもあります。〝縁〟が結ばれていなくても、付き合ったり、結婚したりすることはあります。

第2章

心を
ラクにする

怒りを優先してはいかん
霊格を落としたくないのなら
卑劣な者を相手にするな

修験道の開祖として有名な役行者さんの取材をしたことがあります。生前の役行者さんは島流しにされていますが、その原因は讒言《ざんげん》でした。身に覚えのないことをあれこれと吹《ふい》聴《ちょう》され、告げ口をされて、流罪になったのです。

けれど、その時に役行者さんは反論も弁解も言い訳も一切しなかったそうです。その件について、ご本人に「くやしくはなかったのですか?」と質問をしたことがあります。以下は役行者さんの教えです。

心根のよくない人間にされたことに対して、激怒したり、仕返ししたり、逆に相手を陥れようと悪口をふれまわったりすると、自分も相手と同じ位置まで落ちます。

悪いことをする者は、悪いことをする人間独自の波動の低い世界を作っています。その世界は作った本人の波動でできています。悪いことを平気でするという時点で、すでに波動は低めなのですが、さらによくないこと（人を陥れるなど）をして作った世界ですから、そこは恐ろしく底辺の世界であるわけです。

この世界の恐ろしいところは、こちらが感情をむき出しにするなど、その世界に対して何か反応をすると、取り込まれてしまうことです。取り込まれてしまうと、その世界でバトルをすることになります。

波動で作られた世界ですから、そこに入ってしまうと、自分も低い波動になります。染まってしまうのです。邪悪なその人と同じ波動になります。

こちらは何も悪いことをしていないのに、相手が作った世界に取り込まれ、波動を落とされて、霊格も下げられてしまうというわけです。

そのような理不尽なことに付き合う必要はありません。

コツコツと上げてきた自分の霊格を落としたくなければ、そのような卑劣なことをする人を相手にしてはいけないそうです。関わらないことが一番だと、役行者さんは言っていました。

「怒りを優先してはいかん」

人間は意地悪をされたり、足を引っ張られたりすると腹が立ちます。文句を言いたくもなります。仕返しをしたくなるでしょうし、別の人に悪口を言ったりすることもあると思います。

しかし、ここであえて怒りの感情をスカッとするようなことをせずに我慢をすると、相手の低い世界と関わらずにすみます。自分の波動と霊格をキープできます。

でも、そうすると相手に負けたような気がする、やられっぱなしで損をしたように感じる、という人がいるかもしれません。

人生は短いです。限られた時間をどう使うのかはとても大切です。人生はたったの80～90年あまり、頑張って長く生きても100年ぽっちなのです。

人間として生きていた役行者さんだからこそ、口にできる言葉だと思ったのがこちらです。

「時間を大事にしないと後悔する」

せっかく生まれてきて、こちらの世界にいられる時間は限られているのに、相手とのバトルに何日も、何ヶ月も、何年も費やすのはもったいない、と役行者さんは語っていました。

そう言われても、くやしい、許せない、という気持ちが強くて、やり返さなければ精神がもたないという人もいると思います。そのような人は自分の心を守るために、戦ってもいいのではないかと、私はそう考えています。

孤独だと感じたら、神仏を思いなさい
信仰が孤独から救ってくれる

親、子ども、もしくは兄弟姉妹（義理も含みます）と、うまくいっていない人は意外と多いようで、その悩みが書かれたメッセージをよくもらいます。こちらは誠意を尽くしているのに、それが相手にわかってもらえない、逆に文句ばかり言われる、よって傷つく……という悩みが綴《つづ》られていて、肉親がいても孤独を感じている人は少なくないようです。

もとが人間だった仏様の中には、数としては多くないのですが、即身仏がいます。簡潔でわかりやすく説明をしている「にいがた観光ナビ（新潟県観光協会）」のサイトから、即身仏について引用させていただきます。

【江戸時代、疫病や飢饉《ききん》に苦しむ衆生を救うべく、自らの意思で即身仏になろうと多くの方が即身仏の修行に臨みました。

その修行というものは過酷なもので、死後に肉体が腐敗しないよう肉体の脂肪分をできるだけ落とす必要がありました。そのため、米などの穀類を断ち、その代わりにかやの実、熊笹《くまざさ》の葉の芯などを食べる事によって、腐りやすいとされる脂肪を落とし、腐りにくい体質に変えたのだそうです。また、防腐剤として毎日漆を飲んだといわれています。このような厳しい修行が3000日間続きます。

その後、命の限界が近づいてくると深さ約3mのたて穴（入定塚）の石室の中に籠り断食に入ります。行者は読経をしながら鈴を鳴らし、鈴が鳴らなくなった時が入定となります。死が前提となるため大変な苦行です。】

このような過酷な修行をして即身仏となった仏様に「真如海上人《しんにょかいしょうにん》」さんがいます。この仏様から貴重なアドバイスをいただきました。

「孤独だと感じたら、神仏を思いなさい」
「信仰が孤独から救ってくれる」

深い信仰心を持って心から神仏を敬えば、神仏のほうも必ず応えてくれます。

たとえば、腰の曲がったおばあさんが片道30分かけて、お地蔵さんにお参りに行っていたとします。お参りに行くのは毎日です。

腰が曲がっているので、往復1時間歩くのはラクではありません。けれど、おばあさんはせっせと通います。お地蔵さんが大好きなのです。

おはぎを作って持っていったり、野の花が咲いている季節にはお花をたくさん摘んでいったりして、「お地蔵さん、こんにちは～」と、お地蔵さんに喜んでもらいたい気持ち全開で会いに行っています。

お地蔵さんがこのおばあさんを特別に可愛《かわい》いと思わないわけがない、とそこはどなたもわかるのではないでしょうか。神仏を深く信仰している人が、片思いということは絶対にありません。

深い信仰心は神仏に対してとてもピュアです。ピュアであれば、神仏を疑うことがありませんから、心が常に受け入れ状態になっています。それはつまり、神仏を感じる能力がアップするコツでもあるのです。

神仏を敬えば敬うほど、好きになればなるほど、神仏を感じる能力がアップするため、神仏が自分のことを愛してくれていることがしっかりとわかります。愛情を感じることができれば、人間界での孤独など大きな問題ではないと悟ることができます。

もしも、「寂しいな〜」と感じたら神社仏閣に行くといいです。その心境を神仏は見ていますから、わかりやすい形で歓迎のサインを示してくれます。お前はひとりではない、ワシがついておる、眷属《けんぞく》たちもそばにいる、人間界での孤独をそこまで悩むことはないぞ、元気を出しなさい、と励ましてくれるのです。

この神仏の愛情がどれほどありがたいか……。

真如海上人さんは、

「人生で一番大切なのは、親兄弟や子ども、配偶者からの愛情ではなく、神仏からの愛情であることは知っておいたほうがよい」

と、言っていました。

死ぬまでの間、暗い場所にたったひとりでいても、真如海上人さんは孤独ではありませんでした。入れ替わり立ち替わり、仏様が来てくれて、「もうすぐだ」「もうすぐ仏の世界に入れるぞ」「頑張れ」と励ましてくれたからです。

それは人間の誰にもできない、究極の〃救い〃だったそうです。大勢の人間に囲まれて息を引き取るよりも、はるかに尊い、至福の死だったのです。真如海上人さんは亡くなる直前に、この人生は成功だった、と思ったそうです。

もしも、うまくいかない人間関係があったとしても、苦労続きの一生だったとしても、それが人生の成否を決めるのではありません。友だちが少ない人生であっても、失敗の人生ではないのです。

人生は最後の最後までわかりません。

亡くなるその時に「よく頑張った」と神仏に頭を撫でられたら、これ以上の人生はないと思います。

生きている時に「ひとりぼっちが多くてかわいそうな人」といった印象を持たれることがあったとしても、人がどう思うかで人生の価値が決まるわけではありません。

真如海上人さんは、人によって違うかもしれないという前置きをして、神仏に愛されることが一番大切である、と説いていました。

持っていない状態にこだわるのはやめなさい
持っているもののありがたみを考えなさい

願いがなかなか叶わない、と悩んでいる読者さんからメッセージをもらうことがあります。どんなに神仏にお願いをしてもソウルメイトに出会えない、経済的にラクになるよう、あちこちでずっとお願いをしているのにそうならない、などです。

真如海上人さんはこれらの悩みに関して、

「それは、持っていない、持てない、という悩みだな」

と言っていました。たしかに、ソウルメイトを持っていない、お金を持っていない、という表現に置き換えられる悩みです。

真如海上人さんは「持っていない」という状態に、こだわるのはやめなさい、と言っていました。

自分が持っていないものを「ない」「ない」と嘆き、持っていない事実を、何度も再確認するのではなく……持っているもののありがたみを考えなさい、と言うのです。

これは「足るを知る」ということではありません。

「足るを知る」の意味は「身分相応に満足することを知る」ですが、これには「あるもので我慢しましょう」というニュアンスがあります。欲張ることなく、上を見ずに、現状でそれなりに我慢しましょうね、という感じです。

そうではなく、持っていないのだったら、「ない」ことに意識を集中しない、そこにフォーカスしないことが大事だと言っているのです。

自分が持っているものをあらためてよく考え、その真の価値を知れば、感謝の気持ちが芽生えます。「ない」「ない」と嘆く生き方よりも、自分が持っているものに感謝をする生き方をすすめているのです。

「足るを知る」と同じ意味のように思うかもしれませんが、真如海上人さんが言っているのは、現状で我慢しましょうではなく、持っているものを正当に評価して感謝の気持ちを抱きましょう、です。

人生の残りの時間があと3日しかなかったとします。持っていないことにフォーカスし、「ない」「ない」「ない」と、泣けばそれで2日ほど使ってしまいます。この時間は取り戻せません。残りはたったの1日です。

持っていない状態に意識を置くのではなく、持っているものがどれだけありがたいか、そこを思うと、泣いていたであろう2日を感謝の気持ちで過ごせます。

今持っているものを、持っていて当たり前だと軽く考えているのなら、ありがたみを認識し直す努力をしなさい、と真如海上人さんは諭していました。

一例を挙げると健康がそうです。健康でいられることがどれほどありがたいか……。健康な人ほどその価値がわかっていません。もしも病気で倒れたら、事故などで体が不自由になってしまったら、健康だったことがどれほどありがたいことだったのかがわかります。その状態になって（健康を失くして）初めて真価を知るのではなく、健康な時に知ることが大切なのです。

持っているもののよさを深く知って感謝の気持ちを抱くということは、自分がどれだけ恵まれているか、どれだけ神仏に愛されているのか、を知ることでもあります。

「ない」「ない」「ない」と泣いていたら、神仏に愛されていることにも気づけません。持っていないのは、神仏が「与えてくれない」からだ、だから持っていないのだ、という思考になるからです。これは苦情を言う、文句を言う気持ちと同じです。

神仏が愛情をそそいでくれているのに、その大事な部分に気づかずに、「ない」「ない」と必要以上に悲しむのは、自分で悩みを作っているようなものです。気づけば「ありがとう」と感謝をするのに……と、真如海上人さんはこの時だけは悲しそうな顔をしていました。

少し視点を変えると、人生は劇的に変わります。

大事な自分の人生です。さきほどのたとえで言えば、3分の2を泣いて過ごすのか、それとも感謝をして心穏やかに過ごすのか、決めるのは自分です。ないものはないのだから、そこに意識を集中することに意味はありません。

同じようなアドバイスをくれたのが、茨城県にある「御岩神社」の山岳系神様です。人間は「持っている人」と自分を比べ、自分がその人より「持っていない」「持っている量が少ない」となると、運が悪いとか、ついていないとか、嘆く傾向にあると言うのです。その考えを捨てて自分だけを見たら、いいものをたくさん持っているのに……幸せなのに……と言っていました。

たしかにそう考えてしまう人は多いと思います。

Aさんは美人だし社交的だから、上司に可愛がられて得することばかり。でも、私は美人じゃないし、社交的でもないから損をしている……と、Bさんは嘆いています。Aさんみたいにしょっちゅう飲み会に誘われてみたい、私にはその楽しみがない、と悲しんでいますが、実際はそうではなかったりします。

Aさんは定時でさっとあがって自分の時間を持てるBさんを「いいな～」と思っているのです。Aさんはある資格を取って転職しようと考えています。資格の勉強をしたいので、付き合いたくもない飲み会に時間を取られるのはごめんなのです。

しかし、会社にいる限り毎回断るわけにもいかず、無理をして付き合っています。まわりに流されていないように見えるBさんのことを、心からうらやましく思っていたりするのです。

Bさんは、飲み会に誘われない、上司にちやほやされない、と持っていないものにこだわると自分が不幸に思えてきます。けれど、その考えを捨てて自分だけを見ると……定時で会社を出たら、自分の自由な時間がたくさんあります。

いつでもショッピングができるし、おひとりさまで美味《おい》しい食事も楽しめます。何かのサークルに参加することもできますし、資格の勉強も始められます。飲み会に参加しないので節約も頑張れますから、次の休暇で旅行を満喫することもできます。

このように視点を変えれば、誰しもいいものをたくさん持っているのに……というのが神様の意見です。そこに気づけば幸せなのに……というわけで、一度、自分が持っているものを正しく評価してみてはいかがでしょうか。

その状態を幸せではないと思うのは、
人間だけである

幸せってなんだろう？　と考えていた時のお話です。

幸せは手でつかめるものではないし、自分が現在幸せなのか確認することは難しいように思います。

幸せかどうかは他人が決めることではなく、自己判断ということはもちろんわかっています。

けれど、実際のところはどうなのだろう？　と考えていたら神様が私に質問をしました。

「幸せではない、とは、どのような状態だと思うのか？」

「えっと〜、たとえばですが、人に騙《だま》されてお金を失い、それだけでなく好きな彼氏にもふられて、同棲《どうせい》解消で引っ越しをしなければいけない、という状態は幸せじゃないと思います」

「その状態を幸せではないと思うのは人間だけである」

ええーっ！　どういうこと？　と思いました。

「いえ、神様、どう考えても幸せじゃないように思います」

神様はフフフと笑って……こう言いました。

「お金が減ったことで、もっとしっかり稼いでたくさん貯《た》めよう！　と決意し、違う職についてバリバリ働き、大成功をつかむ人生を予定しているのかもしれないぞ」

なるほど、そういう予定を組んでいたのなら、騙されてお金が減ったことは人生の転機であり、転職をするきっかけです。そこから大金持ちになる道を進むわけですから、これは不幸ではありません。

彼氏にふられたのは、その半年後にソウルメイトと出会う予定があるからかもしれない、と神様が言います。彼氏と別れておかなければ、半年後にたとえ運命のソウルメイトと出会っても、付き合うことはしないからです。

考えようによっては、彼氏がふってくれなかったら……もしも、自分からふっていたら、ストーカー行為をされていたかもしれません。

ソウルメイトと出会って幸せになるためには、その準備として、彼氏と円満に別れておかなければいけないのです。つまり、彼氏にふられたことは不幸せではない、というわけです。

もしもふられたことを不幸せだというのなら、今の彼氏と付き合い続けることが幸せだということになります。ソウルメイトと出会って一生をともにした時の最高の幸福よりも、今の彼氏と付き合い続けることのほうが幸せ、ということはありえません。

お金もそうです。減った時に不幸せだと嘆くと、減らないその状態がいい、ということになります。

たとえば100万円の貯金を持っていて、知人に騙されて投資をし、貯金が減ったとします。けれどその後、お金を失ったくやしさで一念発起をして、頑張って大成功をおさめ、貯金が1億円になったら……そっちのほうがよいのではないか、と神様は言うわけです。

1億円を貯める人生にシフトするには、貯金が「減る」というきっかけが必要なのです。その転機となるきっかけだったのに、それを不幸せと言うのか？　ということですね。

あれがあったから今がある、というのはどなたの人生にもひとつはあるのではないでしょうか。私にはたくさんあります。

そのひとつが1回目の離婚です。離婚することを「不幸せだ」と考えて、離婚をしなかったらよかったのか……と自問すれば、いや、絶対に離婚したほうがよかったです、と胸を張って言えます。これがのちの人生を大きくひらき、ソウルメイトにも出会えたからです。

人間は「つらい」という気持ちになったら「不幸」だと嘆きます。でも……そうではないことが多々あるのです。

「大怪我《おおけが》をして生死をさまようとか、火事になってすべてを失うとか、そういう不幸せはあると思うのですが？」

という意見もあるでしょう。このような不幸せは、悪霊に取り憑かれたり、「魔」の落とし穴に落ちたりすることで発生するそうです。明らかな不幸は、悪霊や「魔」の落とし穴のせいなのです。

私はここで、悪霊や「魔」の仕業以外で、「不幸」というものは存在しないのではないか？と思いました。

「その通り」

神様は涼やかに笑っていました。

つまり、人間が「自分で考える不幸」は、本人が満足しているか、していないかの問題で、本人が満足していれば「幸せ」となり、満足していなければ「不幸」になるというわけです。本人の気持ちを本人が表現しているのです。

何をどう考えるのかは本人の自由ですから、神様は不幸だと思っていることを、幸せだと思いなさいと言っているわけではありません。もうちょっと自分の人生の可能性や、将来を見てはどうか、と言っているのです。

しっかり考えてみて「いいえ、私は不幸です」と思えば、神様も認めてくれます。もちろん、その不幸から抜けられるようサポートもしてくれますので、そのようにお願いをするといいです。

でも、お願いをしたのに不幸なままで変わらない……という時は、もしかしたらその不幸は、先の人生をひらくきっかけなのかもしれません。

本人の意思通りにしてやることが、
神として正しいのではない

たまにですが、神様になんとしてでもこの願いを叶えていただきたいのです！　と書かれたメッセージをもらうことがあります。その願掛けは自分のことだったり、大切な人のことだったり、テレビの向こうの芸能人のことだったり、ペットのことだったりします。

読んでいると一生懸命なその気持ちが熱く伝わってきて、願いが叶うといいですね、と祈らずにはいられません。気持ちが痛いほどわかるからです。

京都府の「北野天満宮」は合格祈願を成就させるプロと言ってもいい神社です。神様・眷属の数も多く、人間を助ける体制もしっかりしていて万全です。この神社で合格の願掛けをすればまず受かります。神様が手を貸せば、落ちることはありません。これは断言できます。

しかし、現実には不合格になった人もけっこういるわけです。そのことを北野天満宮の神様にお聞きしたところ、

「合格しないほうがよいことも多い」

という答えが返ってきました。さらに、

「本人の意思（希望）通りにしてやることが神として正しいのではない。本人にとって最善の方向へ導くことが神として正しいことなのだ」

とも言っていました。

この言葉はとても深く、神様にもルールというか倫理があることがわかります。合格してその人間が先で不幸になるのなら、願掛けは「毅然《きぜん》とした態度で」叶えないのです。神様の道に反するからです。

神様は神様の意思でもって、正しいことをされているわけですね。人間の言いなりになってなんでも叶える、希望通りになるように動く、そのような軽い存在ではないということです。

同じようなアドバイスをしてくれたお稲荷《いなり》さんもいます。「まけきらい稲荷」と呼ばれている仏教系のお稲荷さんです。

「まけきらい、となっていますが、本当に『負けたくないっ!』という人が来ても大丈夫でしょうか? ごりやくがありますか?」

とお聞きしたところ、

「うむ」

と、お稲荷さんは肯定していましたが、

「必ず勝たせるとは限らない」

とひとことつけ加えていました。

「勝たないほうがよいこともある」

ここでも諭すような感じで説明をしてくれたのです。

勝ってしまったばかりに、せっかくよい心根に生まれているのに、よくない性格に変わったり、勝つことで人生が悪い方向に流れてしまったりすることがあるそうです。その人の人格や人生が、よくないほうに傾くかもしれない、という場合は、あえて勝たせないのです。

まけきらいお稲荷さんのところにも受験生が祈願に来るそうです。受験も同じで、合格させないほうがいいとなれば、「落とす」とハッキリ言っていました。こちらも本人と状況をしっかり見て判断しているのです。

受験で合格すれば幸せなのか？　不合格だったらそれは不幸なのか？　その答えは先が見える神仏にしかわかりません。

合格して幸せだと思っていても、いざ入学してみたら、意地悪な人たちがいて心を傷つけられるかもしれません。難易度の高い学校に入れてよかったと喜んだのも束《つか》の間、その後はついていくのがやっとで、学校生活がまったく楽しくないかもしれません。

逆に不合格で落ち込んでいたけれど、すべり止めの学校には、一生付き合える友人が多くいて、学生生活を思いっきりエンジョイできるかもしれません。

その後の人生がどうなっていくのか、そこを見ないことには、合格が幸せなのか、不合格が不幸なのかは判断できないのです。何が幸運につながるのかは、人生が終わってみないとわかりません。

その時の考えで、「どうして不合格にしたのですか！」と、神仏に文句を言いたくなる気持ちもわかります。けれど、確実に言えるのは「神仏は間違えない」ということです。叶わなかった願いごとは、叶わないほうがいい、ということもあるのです。

第 3 章

身を守る

魂を現世にしばりつけるような
念を持ってはいかん
自分をしばるものは
死んだ瞬間に捨てるように

第3章
身を守る

山形県に「立石寺《りっしゃくじ》」というお寺があります。奥の院が山頂近くにあるので、奥の院まで行こうと思ったら、そこそこしんどい登山をしなくてはなりません。

すぐ隣りにも山があり、こちらには「釈迦堂《しゃか》」があります。以前はここにも行くことができたようですが、現在は立入禁止です。釈迦堂も非常に高い場所にあって、さらにここは岩場の傾斜がきついため、釈迦堂のあたりは恐ろしく危険です。

釈迦堂の上にある「釈迦が峰」は昔の修行場だったそうですが、ここは転げ落ちないほうがおかしいというくらいの傾斜です。

奥の院へ行く途中で、釈迦堂のあたりをじーっと観察していた私は、

「あそこで足がすべったら、下まで転げ落ちるでしょうね」

と、そばにいた円仁さんに言ったことがあります。何気なく口にした言葉でしたが、円仁さんは急に暗く沈んだ表情になりました。

昔はこの場所から転げ落ちた僧侶が何人もいたそうです。昔の修行は命がけだったのです。

けれど、どんなに危険でも、頑張って修行をして、仏様のことをもっと知りたい、仏様にもっと近づきたい、と思うのが僧侶です。事故で命を落とすかもしれないという、それくら

いの覚悟はしていたそうです。

円仁さんがこのお寺に滞在していた時にも、亡くなった僧侶がいたそうです。円仁さんの後輩でした。円仁さんは、後輩の遺体を片づけるのがものすごくつらかった、と言っていました。

先輩であれば自分よりも修行を多くしているため、仏様の世界に詳しいし、自分よりも長く生きているので、なんとか心の整理がつけられたと言います。しかし、若い後輩に先立たれるのは……それも事故でとなると、やりきれない気持ちになったそうです。

遺体を弔っている間も、つらくてものすごく苦しかった、と言っていました。


円仁さんは、死んだ後輩の何人かがうまく成仏できず、幽霊となって修行を続けているのを見たことがあるそうです。ですから、後輩が亡くなった時は、

「お前は死んだのだ。もう修行はするなよ。しなくていいからな」

と、遺体に何回も話して聞かせたと言います。

修行をしなくても仏の世界に行けるから、迷わずに行きなさい、と。

けれど、どんなに心を込めて諭しても、死んで何日かすると、普通に生きていた時と同じ

ように行動していた人がいました。みんなと一緒に食事をしたり、みんなと一緒に掃除をしたりしていたのです。

円仁さんは幽霊に気づいたら、声をかけていました。

「お前は死んだのだ。ここにいるべきではない」

そう言っても、本人は聞く耳を持たずに一生懸命に修行をしています。

その様子を見ていると、円仁さんはなんとも言えない気持ちになって、あとからあとから涙が出たそうです。先輩だったら、長く僧侶を務めているだけあって、迷う人はそんなにいないのに、後輩は迷う率が高かったのです。

いくら僧侶でも、仏様の世界の勉強をしていても、必ず成仏できるわけではないのです。

昔の僧侶は信仰心の厚い人が多いです。素直で真面目で、いい人もたくさんいたそうです。

それでも、成仏できないこともあるわけです。実はそういう人のほうが迷ってしまう、という面もあると言っていました。

「それは真面目すぎて、修行をしなきゃいけない！という義務感みたいなものがあるからでしょうか？」

この質問に円仁さんは首を横に振っていました。

死んでもなお修行をしているのは、「修行をしたい」という自分の希望のためです。死んだかもしれないと薄々感じていながらも、修行をしたい、もっと修行をしたかった、と思う気持ちがあって、それが本人を引っ張るのです。現世にしばりつけます。

「魂を現世にしばりつけるような念を持ってはいかん」

円仁さんはそう言っていました。どんなに人格が素晴らしくても、善人でも、霊格が高くても、自分をしばる念を3次元に置いてしまうと成仏ができないのです。

自分をしばる念というのは、憎しみや怒りなどの負の感情だけではありません。愛情もそうです。誰かを愛する気持ちが深すぎて、そばにいたい、心配だ、と強く思えば自分をしばります。

しばる念で忘れがちなのが、何かを「したかった」という後悔の念です。修行をもっとしたかった、極めたかった、という思いですね。

「お前は本を書いているだろう」

「はい、書いています」

「どうしても書きたかったテーマの本を一生懸命に書いていて、その途中で死んだとしても、残りを書きたい、完成させたかった、と思ってはいけない。死んだら、すべてを手放しなさい」

ああ、そうか、そういう考えを抱いたら、さまようことになりそうだな、と思いました。

「自分をしばるものは、死んだ瞬間に捨てるように」

さまよって無駄に苦しまなくていいように、こだわりとなる念はさっさと手放すように、とのことです。

幽霊になってまで修行をしている後輩を見て、涙が止まらなかった円仁さんは、そういう人をひとりでも減らしたい、と言っていました。

鬼門は人間の信仰心で閉じることができる

「鬼門」を知識として知っている人は多いと思います。

陰陽道で、丑寅《うしとら》（北東）の方角は鬼が出入りする場所として、古代から忌み嫌われてきました。鬼門と正反対の方角である未申《ひつじさる》（南西）も裏鬼門として、鬼門と同様に扱われています。

比叡山延暦寺は平安京の「鬼門封じ」として、比叡山に建てられました。

江戸城の鬼門封じには、東叡山寛永寺が１６２５（寛永２）年に建てられています。神田明神も同じく江戸城の鬼門封じとして１６１６（元和２）年に移転させられています。増上寺は裏鬼門の守りだそうです。

鬼門の方角に寺社を置くと、なぜ鬼門封じになるのか？　というのが、私の疑問でした。鬼が神仏を怖がって鬼門から入ってこないというのであれば、新しく建てたり移転させたりしなくても、すでにある神社仏閣で十分だと思ったのです。鬼門の方角といっても、範囲はものすごく広いわけですから、寺社はいくつもあります。

けれど、鬼門封じとしてわざわざ特別に置くということは、鬼門封じの術か何かを、その神社やお寺、もしくは仏像に特別にかけるのかな？　と考えてみたりもしました。その呪術パワーが鬼門を抑えるというか、鬼門を封じるというか、鬼門を消すのかもしれない、と思ったのです。

そこで、実際に何がどのように作用しているのか、阿弥陀《あみだ》さんに聞いてみました。

「鬼門は人間の信仰心で閉じることができる」

ええーっ！　人間の信仰心⁉　と、予想外の答えに驚きました。

鬼門に置かれた神社仏閣の神様・仏様を信仰する人が、その場所にたくさん集まることで、鬼門を消すと言うのです。それで大きい寺院や、人気がある寺社を鬼門にもってきていたそうです。

ピュアな信仰心を持った人々がたくさん神社仏閣に来れば、神仏を敬い慕う気持ちがそこにいっぱい貯まります。常にその場に、その思いと言いますか、よい念がたっぷりとあるわけです。その清らかで無垢《むく》な、波動の高い信仰心の集まり（塊）が「魔」を寄せつけず、跳ね返します。

つまり、お寺を置いたからといって、そのお寺が鬼門封じとなる、鬼門を閉じるわけではなかったのです。

もしも、仏様のパワーで鬼門を封じるのだったら、お不動さんをもってくるのでは？

と私はそう思っていました。将門さん調伏のために、空海さんはお不動さんを使っています。唐に行く時の航海の守りも波切不動明王でした（海には大きな「魔」がいるのです）。

仏様のパワーで鬼門から入ってくる鬼を退治するのであれば、お不動さんを置くはずなのです。けれど、増上寺のご本尊は阿弥陀さんです。お不動さんではないので、それで術をかけるのかなとか、仏様はどなたでもいいのかなとか、あれこれ考えたのです。

当時は、阿弥陀さんを信仰する人が多かったため、人をたくさん集めることができる仏様（お寺）として選ばれたわけですね。

信仰心が鬼門を封じる、ということで、神田明神を鬼門封じにしたのも納得です。江戸には将門さんを信仰していた人が多かったからです。中途半端な神社をもってくるよりも、将門さんのほうが断然参拝客が多いと見込まれたのだと思います。

このように信仰心は鬼門を封じるパワーを持っています。平安京や江戸という広範囲の地域に限った話ではなく、信仰心は自宅の鬼門も封じることができます。

家に神棚がなくても、鬼門封じに護符やおふだを利用しなくても、神仏を信仰するピュアな心を持っていれば、鬼門を閉じる作用があります。というわけで、神様や仏様を信じているという信仰心のある人は、鬼門に関しては心配いりません。

（1日で）5ヶ所の不動明王をまわれば不動明王の波動が濃くつく

「違う仏を5ヶ所まわれば、仏の大きな加護がある」ということを仏様に教わったことがあります。ニュアンス的には、仏様のご加護が5つ揃えば、ものすごく大きなパワーになるという感じでした。もちろん「1日」で5ヶ所まわったら、です。

薬師如来さん、阿弥陀さん、観音さん、お地蔵さん、お不動さん、というように違う仏様を5ヶ所まわってもいいし、お不動さんだけを5ヶ所まわってもいいそうです。ただし、5体の仏様は5つの「お寺」をまわって参拝する、という条件つきです。

ひとつのお寺で、本堂と境内にある小さなお堂をちょこちょこっとまわり「はい、5ヶ所終わり」というふうに簡単にすませると効果をいただくことはできません。ちゃんと5ヶ所、「お寺」をまわります。

こうすると、大きなごりやくがいただけるのです。

違う仏様を5ヶ所まわったら、仏教の世界に深く馴染《なじ》むことができます。というのは、5体の違う仏様の波動がたっぷりとつくことで、1ヶ所を参拝した時に比べると5倍の幅で仏教世界に入れるからです。

ここ、表現が難しいのですが、5種類のカラーが違う波動は、仏教世界の5分野に馴染ませてくれる、とイメージするとわかりやすいかもしれません。違う特徴を持った仏様の仏教世界の恩恵に、バランスよく包まれることを意味しています。

1種類だけの仏様の波動ではなく、5種類の違う波動、それも5つの強い波動に包まれるわけですから、特別なごりやくをもらえるのです。

1日で5ヶ所まわるのを、お不動さんのみにすれば、お不動さんの波動だけが5種類、びっくりするくらい濃く、分厚く、強くつきます。これによってお不動さんの波動を大量につけた人となり、しばらくは悪いものが寄ってきません。心身ともに非常にラクになります。

この方法は短期間で決着をつけたい場合、効果が大きいです。

たとえば、自分に乗っかっている悪いもの(幽霊、悪霊、生霊、パワハラをしてくる相手やストーカーの執着心、他人からの悪意ある念など)をサッパリと落としたい、どよ〜んとついていない日が続くのでスカッと爽やかになりたい、これらを「今日1日でなんとかしたい!」という時に効果抜群なのです。

もしも、自分の背中に乗っているものがケタ外れに強かったり、繰り返し乗っかるものだったりした場合、参拝を何回かに分けてしまうとうまく落とせないことがあります。「あそこに参拝に行ったけどダメだった」「その次にこちらを参拝してみたけれど、やっぱり落ちなかった」「今度はどこに行こう……」と、参拝の間隔があくと落とすことが困難になったりするのです。

その理由は、1ヶ所でダメージを与えたとしても、続けてすぐに叩かなければ、次の参拝までに回復してしまうからです。

今日1日で勝負をつけたい、落としたい、スッキリしたい、切り離したい、という時は5体のお不動さんを1日でまわります。こうすると、1日で5回の攻撃を与えることになるため、たいていのものはスカッと落ちます。

5ヶ所のお寺はどこでもかまいません。お礼を言いに行きやすいよう近所でまとめてもいいし、住んでいる地域に関係なく、自分が好きな土地やお寺に行ってもいいし、すべてを好きなお不動さんにしてもオーケーです。

緊急時には真言を9回唱えよ

いきなり乗ってきた幽霊が離れてくれない……このような時にお願いをするのは、お不動さんが一番です。ご縁を下さっているお不動さんに、「助けて下さい!」と緊急のSOSを発すると、ひゅっとすぐに来てくれます。

「幽霊が離れてくれないのです。どうか、祓《はら》って下さい。お願いします」

こう言って、真言を唱えます。ついている幽霊が一般的な幽霊と違って強い場合、お不動さんは、

「9回唱えよ」

と言います。

あちこちのお寺でお坊さんが唱えている真言を聞くと、通常の回数は3回です。もしかしたら、特別な祈禱《きとう》の時や修行をしている時は違うのかもしれませんが、普通は3回唱えるみたいです。

それをお不動さん本人に9回と言われるということは、3回×3回で9回? と私は思っているのですが、いまだに理由はわかりません。どこかで聞こうと思いつつ、この質問を思い出すのが緊急時なので、質問できないのです(泣)。

緊急時は必死ですし、焦りまくっていますから、理由を悠長に聞いている余裕がありま

せん。言われるままに唱えています。

真言を9回唱える話を読んだ読者さんから、金縛りの体験談をもらったことがあります。体が動かなくなって、夢中で真言を3回唱えたけれどまったく効かず、9回唱えたところ、スッと金縛りがとけたとのことです。

9回唱えるのは誰にとっても強力バージョンになるようです。

まれ～にですが、9回でも離れない強烈な幽霊もいます。特に、僧侶の幽霊は強いです。生前に仏様に仕えていたから仏様の波動に弱くないのか、真言に慣れているのか、そこは不明ですが、べったりついたまま離れないことがありました。

こういう時は「もう一度9回唱えよ」と言われます。2回目の9回唱える間にお不動さんがなんとかしてくれます。

9回唱えなきゃ！　ということで、回数を数える人がいるかもしれませんが、数える必要はありません。必死で唱えていると、9回と思われるところで、霊障が消滅します。痛みがあれば、その痛みが嘘のようにピタッと消えますし、金縛りだったら、9回目を過ぎたところでとけます。

ですので、知っておくべき大事なことは、お不動さんの真言は普通は3回で大丈夫だけれど、9回唱えるとバージョンアップする、ということです。もしもそれでも霊障が消滅しない場合、もう一度、9回唱えます。

いざという時、自分の身を守るために大事なことですから、これは覚えておいたほうがいいと思います。

長く波動をまとっていたいのなら
鳥居の横から出なさい

第3章
身を守る

神社に参拝する時は鳥居から入って、鳥居から出ます。茨城県にある「大宝八幡宮」でも普通にそうしようとしたところ、神様に驚くようなことを言われました。

「鳥居から出るなよ」

え！　どういう意味？　と立ち止まって悩んでいたら、続けてこう言われました。

「鳥居の横から出なさい」

初めて聞く指示でした。一応「はい」と返事はしましたが、意味はわかりません。すると神様が優しく教えてくれました。

普通の参拝では鳥居をくぐって神域に入ります。そして境内で、ご神気や高波動をいっぱいに浴びます。完璧とも言えるよい状態で鳥居をくぐって出ます。入る時に通過した鳥居から出ることで「参拝はここで終了しました」という状態になり、その時点で参拝がピタッと終わります。

境内でいただいたご神気だの高波動だのはそのまま持って帰ります。イメージとしては、鳥居を出たところで、もらったものを魂の袋に入れて口を結び、それを大事に持って帰る、という感じです。

しかし、鳥居から出なかったら、「参拝はここで終了しました」という明確な区切りがありません。境内でいただいたものの作用がそのまま続くのです。境内でガッツリ浴びていたもろもろのよいものの影響が継続して作用します。

作用は時間とともに徐々に薄く、細くなっていき、やがてつながっていた糸が切れます。イメージとしてわかりやすく説明をすると、境内とパイプでつながったままの状態がしばらく続くということです。パイプでつながったままですから、境内でもらえるよいものがパイプを通して、しばらくの間作用し続けます。

神社から離れていくにつれて、つながっているパイプは少しずつ薄く、細くなっていきます。最後は糸のように細〜〜〜〜〜〜〜〜〜くなって、消えます。

このような恩恵のいただき方もあるのです。

どの神社でも、境内にはなるべく長くいたほうがいいです。ご神気や高波動をいっぱい浴びるために、です。けれど、境内が混雑していたり、境内が狭くて授与所から丸見えだったりすると、長くいるのが難しいかもしれません。

そのような時に、ご神気や高波動をたくさん浴びる方法のひとつです。

実際にやってみたら、けっこう長くよい作用が続くので驚きました。

ただし、この効果は神様によって違います。

私は「神田明神（東京都）」でもやってみましたし、熊野三社（私個人の三社です。奈良県の「玉置神社」、和歌山県の「熊野本宮大社」、同じく和歌山県の「飛瀧神社」です）でも検証してみました。

ちなみに鳥居とは、外部との境目である一の鳥居のことです。

どの神社もすぅ〜っと糸が消えるまで、境内にいるような感覚が持続しました。参拝に時間をかけられない時でも、この方法だと多くのものをもらうことができます。

では、いつもそうしたほうがいいのでは？　と思われるかもしれませんが、微妙な部分もあります。鳥居をくぐらずに横から出ると……鳥居の外で最後のお辞儀をしても、何かこう、ピシッと「スッキリ参拝を終えました！」という気持ちにならないのです。

当然ですね、パイプがくっついているので、境内にいるのと同じ感覚だからです。

ですから、ここは自分の判断で、「今日は長く波動をまとっていたい」という時は、鳥居の横から出て、「境内でたくさん恩恵をいただいたから、今日はこれで十分」という時は鳥居から出るといいです。

鳥居の横から出る時は、神様に「今日は鳥居の横から出ます」ということを事前にお伝えしておきます。ここは重要なポイントですので、どうかお忘れになりませんように。

本質を見る目さえ持っていれば
人生はステップアップしていく

戦国武将の加藤清正さんの名前をご存じの方は多いのではないでしょうか。でも、人物についてはそれほど詳しくないという人もいると思うので、「百科事典マイペディア」から引用いたします。

【安土桃山時代の武将。通称虎之助。幼少より豊臣秀吉に仕え武功多く、賤ヶ岳《しずがたけ》の戦で七本槍《やり》の一人として有名。1588年熊本城主として肥後《ひご》半国を領有。文禄・慶長の役に出陣、蔚山籠城《うるさんろうじょう》など大奮戦(オランカイ)。関ヶ原の戦で徳川方に属し、肥後54万石を得たが、秀吉の恩を忘れず豊臣家にも尽くした。名古屋城の設計など築城・治水の名人。】

熊本県にある「加藤神社」に参拝した時のことです。

秀吉さんの晩年について話をしていると、清正さんは、細かいことをぐちぐちと言いやがって、みたいなことを口にし、世間に対して怒っていました。

「それは、秀吉さんのことを悪く言ってることに対してのお怒りですか?」

「そうだ」

秀吉さんが成し遂げたことは大きかったそうです。信長さんが道を作ったとはいえ、天下をひとつにまとめました。それにより、戦乱の時代は終わり、平和な世の中になったのです。

荒れ果てていた京都を見事に復興させたのも秀吉さんです。寺社の中には秀吉さんのおかげで存続できたところがあり、さまざまな面で、秀吉さんは大きな貢献をしたのでした。

それを小さなこと、くだらぬことで、文句をぐちぐち言いおって！　と清正さんは本気でお怒りの様子でした。

秀吉さんは、たしかに晩年はよくないことをたくさんしました。

「人間は間違うこともあるだろう。人間だから仕方がないであろう。これは、他の人間でも天下人になっていたら、ああなっていたかもしれぬではないか！」

そう言って、は～、とため息をつくと、また、

「それをひとつひとつ、細かく批判しおって」

と、繰り返していました。

いくつもの大きな社会貢献がすべてチャラになる、それどころか、その貢献はすべて消えてマイナスになることが信じられない、と首を振っていました。

そんな会話の中で、清正さんが私にくれた言葉がこちらです。

「本質を見失うな」

秀吉さんを例にすると、大きなことを成し遂げた、戦のない社会にしたという、その本質を見失って、あんなことをした、こんなことをした、と悪口ばかり言う人がいます（ここ、清正さんの意見です。私の考えではありません。反論は清正さんにお願いします）。それはどうなのか？　と言うのです。

これは、日常生活にも言えることだそうです。

「縁を切るのは簡単だ」

縁を切ったり、二度と会わないようにしたりするのは簡単です。しかし、その前に、本質を見失わず、しっかり真実を見る目を持て、と諭しているのです。その決意が間違っていることもあるし、先々で自分が困る、自分が苦しい思いをすることもあるからです。

清正さんの神社には、悩み相談のような感じで参拝に来る人がいるそうです。

たとえば、それが夫への不満だったとします。文句の内容は人によって違います。休日にダラダラしていて家の手伝いをしない、脱いだら脱ぎっぱなし、パチンコに行くことに腹が立つ、飲酒は無駄遣いなので許せない、などです。

清正さんは、

「文句ばかりを並べているけれど、本質を見ることも必要ではないのか」

と言うのです。

夫が働いてくれるからご飯を食べられる、ムカつくと言いながらも、夫がいるから孤独ではない、寂しくない、安定した生活ができている……。そこを一切認めず、些細《ささい》なことで責めてばかりというのはどうなのか、というわけです。

これは私が介護職をしていた時のお話です。

常に夫の悪口を言っている同僚がいました。趣味は合わないし、夫は休日にテレビばかり見ている、ゴロゴロしてだらけていることに腹が立つ、面白みのない男でイヤになる、と言っていました。

けれど、彼女の家庭が経済的に安定していたのは、夫がしっかり働いていたからですし、その当時、彼女には他に悩みがありませんでした。

ちょうどその頃、別の同僚は夫の不倫騒ぎで体調を崩して、激痩せしていました。他にも夫のギャンブル通いで借金まみれになっていた同僚もいました。

文句ばかり言っている同僚は、そのような夫のせいで発生した不幸に見舞われていないのです。休日にテレビばかり見てゴロゴロしていたとしても、面白みのない男性だったとしても、そこまで文句を言うのは違うのでは？　と思いました。そのことを伝えると、

「言われてみれば……たしかにそうかも……」

と本人も反省していました。不倫をされて激痩せした同僚も、借金で困っている同僚のことも知っていたからです。

清正さんが言うのは、こういうことなのです。目先のちょっとイラつく程度のことで大悪口を言い、離婚したい！　と騒いでいるけれど、本当に離婚をしても大丈夫なのか？　と心配しているのです。

収入はどうするのか、ひとりになって思った以上に孤独がつらかった場合、耐えられるのか、高齢になった時に後悔はしないのか、しっかり考えなさいということです。

ここで大事なのは本質に目を向けることです。

さきほどの例で言えば、本気で夫が嫌いなのか、別れたいと思っているのか、そうではなく、他に悩みがないから細かい部分が気になってイライラしているだけなのか、よく考えるべきなのです。

面白みのない男性だったとしても、夫のおかげでこういうありがたいこともある、とい

う部分はちゃんと認めたほうがいいです。

「本質を見る目さえ持っていれば、人生はステップアップしていくぞ」

そう言っていた清正さんご本人が、生前は本質を見失わない人でした。

何が大切なのか、常にそれを意識しているお人だったのです。信念がしっかりしていて、些細なことでブレたりしません。他人の意見は聞くけれど、それに振りまわされる人ではなかったのです。生きていた時は相当な人格者だったのだろうと思います。

人間には、気に入らないことがあるとグチをこぼす習性があります。相手がこちらの思うように行動してくれなかったら、文句を言います。けれど、そこでちょっと立ち止まって、冷静に考えたほうがいい、というのが清正さんのアドバイスです。

相手を攻撃、批判するほうに熱意をそそいでばかりいると本質が見えてきません。人生には本質を見極めることが重要な時もあるのです。その目を養うことが大切です。

本当の意味で、何が自分にとって大事なのか、そこを見る目はしっかりと持ったほうがいい、ということです。

第4章

人生を よりよくする

神が存在すると信じる、これが信仰心だが、
神がすることを信じる、これも信仰心である

太宰府天満宮には眷属（もとが人間の眷属です。神様修行をされている方々です）がとても多いです。これだけの眷属と神様がいて、それも学業を専門としているプロですから、この神社で願掛けをして「試験に不合格でした」となったら、それは第2章に書いたように、あえて落としたということです。

菅原道真公神様は、

「神として正しいことをしている」

と言っていました。正しいことというのは、その人間にとって一番よいと思われる方向（未来）へと導くことです。

神様はその人の未来を見て判断し、それで不合格にしているのですが、読者さんの中には、不合格になったのは「神様に嫌われているから？」と思う人も少なくないようです。「自分では気づいていないけれど、神社で何か失礼をしたのかもしれない」と悩んでいるメッセージをもらうこともよくあります。

もしかしたら、あの行為が神様を怒らせたのかも？　と書いている内容が「そんなことで神様は絶対に怒ったりしませんよ〜、大丈夫ですよ」というものだったりします。

たとえば、鳥居の手前で一礼をせずに境内に入った（私は一礼をすることのほうが少ないです。

でも叱られたり注意をされたりしたことはありません）とか、手水舎《てみずや》で手を濡《ぬ》らしたあと、ハンカチで拭かずに手をパパッと振り、しぶきをあたりに撒《ま》き散らした（えーっ！　それって失礼ではありませんよ〜。私はしょっちゅうやっています）とかです。

最後には「謝りに行ったほうがいいのでしょうか？」とまで書かれていて、真面目な人ほど悩むのかもしれない、と思います。

願いごとが叶わない、それは神様に嫌われたから、うっかりどこかで失礼を働いたから、という思考パターンにハマってしまう人が少なくないのです。

「人間のことを憎く思う神はいない」

これは道真公神様のお言葉です。憎くて不合格にしているのではない、という意味です。

「神はみな人間が好きである」

というひとこともつけ加えていました。

伊勢神宮の内宮にいる多くの神々も、口を揃えて同じことを言っていました。どの神様も人間を可愛いと思っているのです。

道真公神様によると、たしかに力およばずの眷属はいる……とのことです。眷属の力不足で叶えられないパターンがあることは否定できないそうです。眷属になって日が浅ければ、どんなに一生懸命に頑張っても力が足りない、ということもあるわけです。けれど、これは非常にまれなケースです。神様やベテランの眷属がちゃんとサポートをするので、そのせいで不合格になることは、まずないみたいです。

すべての不合格（願掛けが叶わないこと）には、正当な理由があります。

そう言われても納得するのが難しい、その理由をぜひ知りたい、と思うのが人間です。でも、神様に直接理由を聞くことのできない人がほとんどですし、私のように、たとえ神様のお声を聞くことができたとしても、理由を教えてくれるとは限りません（教えてくれないように思います）。

ここで道真公神様がつぶやいた、大変ありがたい言葉を紹介しておきます。

「神が存在すると信じる。これが〝信仰心〟だが、神がすることを信じる。これも〝信仰心〟である」

私はこの言葉を聞いた時に「ああ、そうだ、神様のすることは何もかも、すべて信じていいのだ」とあらためて思いました。そう認識したら、ありがたさに涙が出そうになりました。

他の本に書きましたが、私の息子は高校受験に失敗しています。けれど、そのおかげで会社を経営している今の息子がいます。

試験に落ちた、もしくは願掛けが叶わなかった、となると、つい、「神様はどうして願いを聞き届けてくれなかったの⁉　どうして私を悲しませる結果にしたの⁉」とグチのひとつも言いたくなると思います。

私は嫌われているのだろうか？　何か失礼なことをしたのだろうか？　と、ああだこうだと考えるのではなく、不合格になったのは、もしくは願掛けが叶わなかったのは、「神様がよいようにしてくれたのだ」と〝信じる〟、これも信仰心なのです。

神様がして下さったことを（自分の希望とは違っていても）丸ごと素直に信じる、それがピュアな信仰と言えます。

神様は私たち人間よりも、はるかに波動の高い存在です。未来も見えています。霊的な知識も真理もすべてわかっていますから心配はいらないのです。

やるべきことはたったひとつ
真心で生きる

父が心臓の大きな手術をしたことがきっかけで、私は「人生」について、真剣にいろんなことを考えていた時期がありました。その時に、ふと、人間はどう生きるべきなのだろう？ということを思いました。

どう生きることが人間として正しいのか……。

「嘘をつかない」「人を騙したり、蹴落としたりしない」「真面目に働く」など、正しいと思われることを実践していけばいいのだろうか、と考えましたが、正解はわかりません。

せっかく生まれてきたからにはよい生き方をしたいですし、生まれる前に正しく生きることを課題のひとつにしていたら、見事にクリアしてあちらの世界に帰りたいと思っています。

先が見えてきた年齢となったせいか、「よくできました」と死ぬ時に花丸をもらえるよう、残りの人生を過ごしたいです。

では、どのように生きるのが人間として一番よいのか？　と、私なりにざっと考えてみました。

前述したように、「嘘をつかない」「人を騙したり、蹴落としたりしない」「真面目に働く」以外にも、「困った人がいたら手を差し伸べる」「人の悪口を言わない」「イライラした感情を人にぶつけない」など、正しく生きようと思ったら、たくさんの気をつけるべきことがあります。

この中から何を優先し、どのように生きるのがベストなのだろう？　と思った時に、神様が言ったひとことがこちらです。

「真心」

真心を持って生きなさい、という意味です。

え？　それだけ？　と思いますよね？　私もそう思いました。でも、そこからもっと詳しいお話を聞いて、なるほど〜、と納得しました。

人と接する時に真心で対応をすると、相手の気持ちを思って言葉を選びます。傷つけるようなことは言わないし、失礼な言葉をうっかり投げたりもしません。上から目線でバカにしてみたり、相手を騙そうとして嘘をついたりすることもしないはずです。

真心を持って生きていれば、誰かに意地悪をすることもなく、人を蹴落としても平気という気持ちも抱かないでしょう。

困った人がいれば手を差し伸べようとするでしょうし、真心を持った人が誰かの悪口をあちこちで言いふらすこともないように思います。

イライラするから、他でムカついたことがあったからと、その悪感情を部下や家族にぶつけるようなこともしないはずです。

仕事をする時も真心を持って働けば、些細なことでブーブーと文句を言ったりせず、こっそりとサボったりもせず、心を込めて仕事をするように思います。同僚や上司の失敗を「ザマーミロ」と考えることもなく、ましてや足を引っ張ろうなどと画策したりもしないでしょう。与えられた仕事をできる範囲で一生懸命にやるだけです。

真心を持って生きていると、どのシチュエーションでもベストな対応ができるので、自分の気持ちもよい方向に動きます。

そのような説明を受けて納得しましたが、でもこれって、「嘘をつかない」「人を騙したり、蹴落としたりしない」「真面目に働く」「困った人がいたら手を差し伸べる」「人の悪口を言わない」「イライラした感情を人にぶつけない」と、同じなのでは？　と思いました。

神様がさらに言います。

私が考えたことは、小さな末端の事柄そのものに意識を置いています。こうすると、「たくさんの〝しなければいけない〟こと、〝気をつけなければいけない〟ことがあるだろう？」

と言うのです。

嘘をつかない、人を騙したり蹴落としたりしない、真面目に働く、困った人がいたら手を差し伸べる、人の悪口を言わない、イライラした感情を人にぶつけない……と、これだけではなく、もっと多くのしなければいけないこと、してはいけないことがあります。

たしかに末端から考えてしまうと、常に頭の中に大量の戒めを置いておかなければいけません。

よいことは全部しなければいけないし、よくないことはしないように気をつけなければいけないわけで、毎日、このように考えながら生きるのは……しんどそうです。途中で、「あ、面倒くさ！」と思ったりもしそうです（笑）。

神様のアドバイスは、「やるべきことはたったひとつ、真心で生きる」、これだけでいいそうです。

これだと、頭の中にひとつだけ置いていればいいことになります。真心で生きようとすれば、どのような場面でもその先の行動がおのずと決まります。細かいことをいちいち考えなくてもいいのですね。

何かをする時に、真心にかなっているかどうか、それだけを考えればいいのはわかりやすいですし、簡単です。

「真心」というのは間違った生き方をしないための道標《みちしるべ》です。真心で生きることが、人間としてベストな生き方だそうです。

人に親切にすることは〝天〟にすることであり
徳を積むことでもある

第4章
人生をよりよくする

電車でよく見かける光景です。

ある人が「どうぞ」と立って、高齢者に席を譲ります。揺れる電車の中で立っているのはしんどいだろうな、という思いやりに満ちた親切心からです。

けれど、「いいの、いいの、私はすぐに降りますから」とか、「私は大丈夫ですから、座ってて下さい」と、譲られた高齢者が断っています。

譲ってくれた相手を逆に思いやる気持ちや、遠慮する気持ち、すぐに降りる自分のために立たせては悪い、などの感情から出た言葉のようです。ほんのひと駅やふた駅、私が我慢して立っていればいいのですから、大丈夫ですよ～、という気持ちが伝わってくることもあります。

これは美徳のように思われるかもしれませんが……実はあまりいいとは言えない行為です。譲られた席はありがたく座らせてもらったほうがいいです。

訪問介護の仕事をしていた時のことです。利用者さん宅にいたら、「ちょっとええか～?」と言って、近所のお友だちが家の中に入ってくることがありました。

「これ、もろたから食べて～」と、手には高級メロンを半分に切ったものを持っています。

それを見た利用者さんは遠慮して断ります。

「それ、高いメロンやんか！　そんなんしてもろたら悪いわー、もらわれへんわ、そんなええもん」

「私ひとりやと食べきれへんでな〜、食べてー」

「冷蔵庫に入れといて分けて食べたらええやんか、こないええもん、もらわれへんてー」

「ええから、もろてー」

「そんなん困るわー」

もらって・もらえないの攻防がすごかったりします。

介護職だった時の職場には、時々手作りのケーキを社員全員に配ってくれるパートさんがいました。

何回目かの時に、

「そんなんせんでええって」

と言った主任がいて、続けて、

「材料費もバカにならへんやろ？　お金つこてそんなんせんでええねん」

と言っていました。それは相手のことを思っての発言でした。でも、言われたパートさんは悲しそうな顔をしていました。

世間のあちこちで、「そこまでしてもらわなくても〜」と遠慮したり、「悪いからもらえないわ」と断ったりする場面をよく見かけます。これはあまりいいことではないのです。

同じような状況が私にもありました。ありがたいことにとても熱心な読者さんがいて、私のブログや本の宣伝をしてくれていたのです。あちこちの神社仏閣に、本のプレゼントもしていたようでした。

それを知った時、身に余ることだと恐縮するとともに、なんだか申し訳ない気持ちになりました。心苦しく思うので、遠慮したい〜、という気持ちがものすごく働いたのです。

しかし、これも……私が偉そうに、読者さんの親切を止めていい話ではないのです。

人の親切は、なるべく断らないほうがいいです。というのは、その親切は、表面上は自分にしてくれているのですが、見えない世界において、相手は〝天〟に奉仕をしているからです。

実際には、相手はこちら（人間）のことを思ってしている行為です。腰が曲がったおばあさんに電車の揺れはしんどいだろう、と思ったから席を譲っています。でも、見えない世界ではこの親切は奥が深く、表面（席を譲った）だけではありません。

席を譲ってあげたいと思った高齢のおばあさんは人間の姿をしていますが、その向こうには〝天〟の存在があります。高齢者に席を譲るのは〝天（神仏）〟に席を譲っているわけです。高級メロンだからとっても美味しい、ぜひお友だちにも食べさせてあげたい、という気持ちで人間に持っていくのですが、実は神仏におすそわけしているのです。

親切な行為をするほうとしては、目の前の相手にじかにしてあげている、と思うかもしれませんが、する人とされる人の間には神仏が存在するのです。

席を譲ってもらった神仏が、腰の曲がった高齢のおばあさんを座らせてあげる。

メロンをもらった神仏が、友人に食べさせてあげる。

手作りケーキをもらった神仏が、その会社にいる社員に分け与える。

そういうことなのです。よって、言い方を変えると、その人は〝天〟に対して親切な行為をしたのであり、それは〝天〟に徳を貯金しているということになります。

他人を思いやる、他人に親切にする、他人のために何かをする、という行為は、確実にあちらの世界に届き、貯金となります。それはその人の霊格を磨く大切な、小さな修行のひとつなのです。

ですから、さきほどの私の例だと、私が読者さんに「私なんかのために、そこまでしなくていいですよ」と言うのは、驕《おご》りというか、偉そうというか、すごい勘違いをしているということになります。

なぜなら相手は〝天〟に対してしているからです。その人が霊格を高める、天に徳を貯金するチャンスを奪う、ということにもなります。そもそも人に対して、それをしないでちょうだい、と行動を指図する権利が私にあるのか……とも思います。

話を戻しまして、親切な行為をする人とされる人の間に神仏がいるというのは、もらうほうから考えてもわかると思います。

美味しい新米をお隣りさんにいただいた、あ〜、ラッキーだなぁ、神様ありがとう、と神様に感謝したりしないでしょうか？

財布を落として真っ青になっていたら、知らない人が拾って交番に届けてくれた。拾った人は「財布の持ち主さん、困ってるだろうな」と持ち主に対して親切にしたわけですが、拾ってもらったほうは、「神様ありがとう！」と手を合わせて感謝をしたりしないでしょうか。

親切な行為をするほうは〝天〟に対して奉仕をし、もらうほうは〝天〟から親切をいただいているのです。

そこに気づくと、「私、あの人によくしてやってるのに、当たり前みたいな顔をしてる！」とか、「いろいろ世話をしてやったのに、あいつは感謝が足りない！」「私がしてあげるばかりで、向こうは何もしてくれない」などと文句を言うのは的外れであるということが理解できるのではないでしょうか。

親切な行為は相手を思ってしたことですが、神仏にしたわけです。それで天に徳を貯金しました。相手を思う美しい心で霊格も上がりました。

これで〝完了〟なのです。

対象である「人間」からの感謝を求めなくてもいいのです。というか、それを求めるのはちょっと違います。そこを求めだすと、話は変わってきます。

神仏が、「よしよし、よくやった」と褒めてくれるので、それで十分なのですね。

ちなみに、それをしてもらったら迷惑だとか、困ったことになるなどの複雑な事情がある場合は、話は別です。キッパリ断らなければいけない状況もあると思います。その場合は断るのが当たり前ですから、この法則を当てはめず、お断りして下さい。そこは臨機応変にお願いします。

人に親切にしてもらったら、相手は神仏に対して親切にしているのだ、修行をしているのだと考え、なるべく受け取るようにします。受け取ることにより、相手が天に徳を積むという、尊い行為の「お手伝いをさせてもらう」ことができます。

電車で譲られた席に座ることによって、体がラクになるだけでなく、願ってもいないお手伝いをさせてもらえるのですから、遠慮せずにニッコリと親切を受け取ります。

そしてその親切は、相手を通して神仏が与えてくれたものでもあるため、神仏にも感謝することを忘れないようにします。

不幸ではない＝幸せ
このパターンで幸せを感じることは難しい

不幸ではない、イコール、自分は幸せである、とこのような思考パターンで幸せを〝感じる〟ことは難しい、と神様は言います。

暮らしていけないほど貧乏ってわけじゃない、だから幸せ。

リストラされていないから仕事が続けられる、だから幸せ。

そんなに好きではないけれど、彼氏彼女がいる、だから幸せ。

このような思考方法では、魂から湧き上がるような幸福感が得られにくいのです。

貧乏ではないから幸せ、人間関係で大きなトラブルがないから幸せ、病気にかかっていないから幸せ……というふうに、大きな不幸といえるものがない状態を、幸せだと〝感じられる〟人はごくわずかで、ほとんどの人はそのように思えないわけです。

なぜなら、自分はこれこれこういう状態である、だから幸せ、と条件をつけて、理論的に、頭の中でやや無理やり導き出した幸せだからです。

ちなみに、このように、貧乏ではない自分、人間関係のトラブルがない自分、大きな病気にかかっていない自分などを、自覚することはとても大事です。悪い状態ではないことを自覚すると、おのずと感謝の念が生まれるからです。

「健康でいられることがありがたい」と感謝をする、その感情は魂にとって、とても大切です。健康の価値というのも変な言い方ですが、それを知ると、健康は与えてもらっているのだと自覚できます。そうなると、感謝がさらに濃く深くなります。

しかし、これを幸せだと、ワクワクする幸福感をともなって〝感じることができる〟という人はそれほど多くありません。

幸せについて重要なのは、自分が幸せだと感じることは何か、を知ることです。理論的条件なしの、思考から導き出したものではなく、魂が感じる幸せです。それは自分にとって、特別な何かであり、ウキウキするような喜びの感情、もしくはしみじみと癒やされるような満足感をともなうものです。

この何かは、もちろん人によって違います。この何かが突出していると感じた時に、魂は幸せを実感するのです。

何かがお金だという人もいれば、仕事だという人もいます。家族だったり、地位や名誉だったり、趣味だったり、健康だったり、私みたいに神仏にもらえる癒やし、という人もいると思います。

みんなそれぞれ違うのです。それがなんであるかを、一度じっくり考えてみることが重要です。自分にとって幸せを実感できる何かが判明したら、その他のことは不幸の材料にしないことも肝要です。

たとえば、経済状態が悪くはないけれど、よいとも言えない暮らしをしていたとします。収支がトントンですから貯金はできません。貯《たくわ》えがないその人は「お金がない」「お金がない」と嘆きます。

その人の目の前には、〝お金がない〟という自分の念の黒い雲のようなものがあるため、目くらましとなっています。よって、まわりが見えていません。自分のこともよく見えていないのです。そのため、お金がない自分は不幸だと思っています。

この黒い雲を晴らし、真の自分の姿をしっかり見てみると……幸せなのかそうではないのかは、お金がキーではないとわかります。

前世で生まれたのはお金持ちの家でした。体が不自由であったため、部屋から出ることができない一生でした。いつも窓から外を見て、出かけてみたい！　外を歩いてみたい！と切望する日々を送っていたのです。

それで今世は、歩いたり走ったり、自由に動ける体を持って生まれました。外で思いっきり行動する幸せを味わうために、生まれてきたのです。

けれど、目の前にある黒い雲のせいで、お金がないから不幸と思い込んでいるため（貧乏ではないのに、です）、そのことにしか意識がいきません。友人はお給料がいいから、ブランドもののバッグをいくつも持っている、でも私は買えない……ああ、不幸だわ、と嘆くのです。

このような場合、とりあえず黒い雲を消すことが先決です。そうすれば、ハイキングをした時のワクワクした幸福感を思い出したり、たとえ買えなくてもウインドウショッピングでの街歩きが楽しくて仕方ない、という自分に気づけたりします。

魂がちゃんと思い出せば、体のどこにも一切悪い部分がないという「突出した健康」が、自分にとってこれ以上の幸せはないことだとわかるのです。

介護職当時の私の収入は、本当にびっくりするくらい低い金額でした。それでひとり暮らしをしていましたから、生活はラクではありませんでした。

しかも、その苦しい中から神社仏閣に行く旅費を頑張って捻出していました。そのせいで給料日前の1週間、時には10日や2週間くらい、ご飯とお味噌汁《みそしる》だけ、ご飯とお漬物だけ、という食事をしていました。

けれど、私の中に「お金がないから不幸」という考えがなかったので、悲壮感もなく、暗い気持ちになることもなく、「神様、こんにちは〜」と節約したお金で神社を参拝し、元気や癒やしをもらっていました。

お金はちょっと足りないけれど、自分は幸せだとわかっていました。

幸せをつかむには、何が突出していたら自分は嬉しいのか、何を持っていたら魂が喜ぶのか、それを本気で知ることです。そしてそれ以外は、不幸の判断材料にしないことも大切です。

「無理」と、はなからあきらめたり、
やる気や根気がなかったりすると
たとえ「可能」だったことでも
みずから「不可能」にしてしまう

猿田彦の神様は、空間を切り開くことがお得意です。

人間には自分が存在する空間があるとイメージしてみて下さい。目の前には仕切りとして、透明のガラスでできた壁があります。向こう側に行こうとしても壁があるため、行くことができません。向こう側は見えているので簡単に行けそうですが、透明のガラスが立ちはだかっているので、行こうとすればぶち当たってしまいます。

そちら側に行くには、ガラスの壁を切り開いて、歩ける道を作らなければなりません。ガラスをサクッと切り開き、道ができれば進むことが可能になります。

猿田彦の神様には、このようにして空間を切り開いてくれるごりやくがあるのです。これは言い方を変えると、不可能を可能にする、ということです。

つまり、この神様は「可能にする」力をお持ちです。絶対に無理だと思うことを実現させてくれる、本人が望む何かをできるようにしてくれる、あきらめていたことが可能になる、そういうごりやくです。

私が今から受験勉強を始め、医学部に入り、6年間学んで、さらにインターンもやって医者になる、と言うと、誰もが無理だと思うのではないでしょうか。皆様が思う以上に、私自身が「絶対にできない！」と強く思います。

けれど、猿田彦の神様のごりやくをいただけば、徐々に「可能」になっていくのです。医学部に合格するとか、そういう話ではなく、無理だとあきらめていた本人が本気でやる気になる、努力できない性格だったのが熱意を持って頑張れるようになる、根気が続く、といったことでサポートしてもらえます。

「可能」となる切符を手に入れることができる、と言ってもいいかもしれません。完全に不可能で可能性が0％だったのが、0％ではなくなるということです。

このようなごりやくを与えてくれる神様が言った言葉がこちらです。

「『無理』と、はなからあきらめたり、やる気や根気がなかったりすると、たとえ可能だったことでも、みずから不可能にしてしまう」

人間は頑張れば、ある程度のことはできます。事実、高齢になって医学部に入学した人もいます。

神様が手を貸さなくても、頑張れば自力で目標を達成できるのです。それなのに、スタートする前から「無理だ」とあきらめたり、ゴールに至るまでの途中で「できないかもしれない」とやる気を失ったりする人が多いそうです。

なんでも簡単に無理だと決めつけて、可能性を自分で捨ててしまわないことが大事です。何かをやりたいという夢があるのなら、夢への道を自分で閉ざさないようにします。人間が思っている以上に、人間にはパワーがあります。自分で可能を不可能にしているかもしれないと思ったら、考えを変えることで、成功に一歩近づくことができるのです。

神に大事に育てられてきた民族であることを
もっと誇りに思いなさい

これは天照大神《あまてらすおおみかみ》と呼ばれている神様、「アマテラスさん」のお言葉です。
「私はこの国の民を、この国を作った時から育ててきた。そのような自分たちの祖先、国民性、神に大事に育てられてきた民族であることを、もっと誇りに思いなさい」

有名な『魏志倭人伝《ぎしわじんでん》』には、日本人について【不盗竊少諍訟】という記述があり、日本人は「窃盗をしない、訴えごとも少ない」と書かれています。約1700年前に、それも外国の書物に、「窃盗をしない」と記されているのです。これはすごいことだと思います。
『隋書倭国伝《ずいしょわこくでん》』にも、同じように【人頗恬静罕争訟少盗賊】という記述があり、日本人のことが「人はとても落ち着いて物静かであり、訴えごともまれで、盗賊も少ない」と書かれているのです。

どちらも中国の人から見た、日本人の印象です。

大昔から日本人は盗みをしない、という民族なのです。わざわざ大事な歴史書に、他国のことを書くくらいですから、外国の人からすると盗まないことがかなり衝撃的だったわけですね。

幕末に来日した外国人たちも、日本人が家に鍵をかけない、盗まない、ことに驚いて、多くの記述を残しています。

東日本大震災では、略奪をしない、給水車にもちゃんと並ぶ、ということで世界中の人々が驚いたことは、皆様の記憶にも新しいのではないでしょうか。

このように日本人は道徳的に優れている民族です。それは古くからいる神々が、大切に育ててくれたからなのです。

アマテラスさんは続けてこう言いました。

「この国の民族の未来は明るい。もっと希望と誇りを持って、気高く、強く生きなさい」

日本人は〝神が手塩にかけて育てた民〟だそうです。素敵な言葉ですね。


話は変わって、大昔に大陸から日本の九州に渡ってきた一族がいました。

一緒に連れてきた白龍の神様がものすごく強くて、白龍に守られていたこの一族は、戦で連戦連勝でした。ヘタをしたら、この一族が九州を平定してしまうかもしれない……というところまで勢力を強め、日本にとって危機と言える時期がありました。

その時、アマテラスさんと、素戔嗚尊《すさのおのみこと》と言われている「スサノオさん」が、白龍の神様を説得しに行ったのです。ヤマトという国は、ヤマト民族が治めるべきである、と。

白龍の神様はアマテラスさんとスサノオさんの要望を受け入れ、話し合いで合意をしました。それ以降は、自分が守っていた一族に、戦では一切手を貸しませんでした。

そのせいで、一族は滅びます。

心に傷を負った白龍の神様でしたが、約2000年たってようやく傷が癒えたのか、日本人のために働いてもよい、というところまで回復しています。

その白龍の神様が言った言葉がこちらです。

「ヤマト（日本）は特殊な国だ。神に守られている国である」

日本人の私たちは太古の昔から素晴らしい神々に守られており、国民性を育ててもらってきました。そのことをしっかりと自覚し、誇りに思うことはとても大切です。

神と
（その神を信仰する）
人間の間に仲介は必要ない

私は神様から、世間に流れている情報に惑わされないように、と言われたことがあります。たとえ昔からある古い言い伝えであっても、神仏に関しては間違った情報も多いそうです。そのような情報をうのみにするのではなく、自分で神仏と会話をし、話をよく聞いて、よく見て、神仏をしっかりと感じ、正しく知るべきである、自分の持つ能力で判断せよ、と言われました。

そのためには神仏を感じる能力、神仏がわかる能力を高めなくてはいけない、錆《さ》びつかせてはいけない、とも言われました。

これは皆様も同じです。神社やお寺、神様・仏様については、いろんな人がいろいろなことを言ったり書いたりしています。人によっては真実とは正反対のことを書いていたりもします。

中には、神様がこう言っているからこれだけのお金を払いなさい、などと迫ったり、神様がこのおふだを買えば幸せになると言っていますよ、と高価なおふだを購入するよう要求したりする人もいます。「私の言うことを聞いていれば、神様に守ってもらえますよ、運もよくなりますよ」とコンスタントに自分の高額な鑑定を受けるようにすすめる人もいるそうです。

そういう時に本当に頼りになるのは、自分の〝感じる能力〟〝わかる能力〟です。

誰でも神仏がわかる能力を持っています。「私には霊感がないからわかりません」と、自分から扉を閉ざさなければ能力は必ず開花します。

神社仏閣を参拝するなどの小さな修行をコツコツと積み重ねていけば、その能力は徐々に磨かれていきます。実際に神社やお寺に足を運び、そこでしっかり〝自分の感覚〟で、神仏を感じる練習をします。

優しい神様とちょっと厳しめの神様の違いなどは、早い時期にわかるようになります。怖いお不動さんなのか、にこやかな柔らかいお不動さんなのか、その違いもわかるようになってきます。

そうなると、神様が（もしくは仏様が）こう言っているからこのおふだを買いなさいとか、私があなたを救ってあげますとか、そうした発言が本当かどうかの判断がつくようになります。この人にはそこまでの能力がない、ということも、自分でちゃんとわかります。

信仰は神仏と自分だけの世界であり、神仏と自分との二者間で成立するものです。

この二者間の世界に仲介は必要ありません。仲介を通して信仰するというパターンはないのです。

神仏がその人に何かを伝えたい時、愛情を知らせたい時に、「仲介を通す」なんてことは絶対にしません。直接、その人が気づくようになんらかの手段で教えてくれます。

神様は「神と人間の間に仲介は必要ない」と言っていました。

ですから、大事なのは神仏が与えてくれるさりげないサインに「気づく」ことです。聞こえないからわからない、見えないからわからない、とどこかの誰か（仲介人）に頼るのではなく、神仏からのサインは自分で受け取ります。自称「わかる能力がある」という人も多いので気をつけたほうがいいです。

サインを発する神仏は本人に向けて信号を送っているのに、肝心の受け取る本人が「霊感がないからわからない」と、仲介人のほうを向いているのはよくないです。

神仏は本人が気づくように工夫していますから、受け取る側も神仏のほうを向いて一生懸命に受け取ろうと努力することが大事です。神仏と自分の間に通訳はいりません（その通訳は正しくない可能性があります）。

自分で気づくことができるようになれば、ますますご縁が深くなっていきますし、信仰心も厚くなっていきます。能力もどんどん磨かれてレベルアップします。

自分で感じることができるようになると、受け取った瞬間に、ウキウキと嬉しくなったり、感謝の気持ちでいっぱいになったりします。自然と涙がこぼれる人もいます。それは「魂が正しく感じているから」です。

神様・仏様のことは他人に頼らずとも、自分で知る、自分で感じることができるのです。

第5章

神仏を知る

薬師如来は病気を治すだけではない
心も治す

「唐招提寺（奈良県）」に祀られている「鑑真」さんに、臓器提供について聞いたことがあります。読者さんから届く質問に、「臓器を取り出してお腹《なか》の中がスカスカになっても、死んだあとで困ることはないのでしょうか？」というものが数通あったため、そこを確認しました。

鑑真さんは大笑いして、

「大丈夫だ、困らない」

と答えてくれました。そしてさらにこう言ったのです。

「（死後の世界は）想念の世界であることを書いておきなさい。知識として広めなさい」

これはどういう意味かと言いますと、「お腹の中身がない！　臓器がない！　どうしよう！　どうしたらいいの！」というふうに考えてしまうと、この念に引っ張られてしまって、お腹の中が空っぽになり困る、ということです。

死んだあとの魂は肉体と離れているのですから、「お腹の中はなくてもいいんだ」と思えばなんの問題もありません。「魂になったから肉体は関係ない」とわかっている人は、死後の世界では臓器を提供した時についた傷すらお腹にありません。そういうものなのです。

鑑真さんは目の不自由な人でした。目も同じです。死んだあとも目が見えないと思い込んでいる人は「見えない、見えない」となります。悟っている人は、死んだから見えるはず、と考えるので、ちゃんと見えます。

想念の世界は考え方次第なのです。このことを知っているかどうかで、さまようか成仏するかに分かれることもありますから、正しく知っておいたほうがいいです。

私はここで、戦さ場で首を落とされて死んだ過去世のことを鑑真さんに聞きました。

死後、長い間「首がない」と、さまよって探したのです。これも同じことで、首を落とされたのは現実界でのこと、終わったこと、肉体での話、と切り離していたら問題はありませんでした。

けれど、「首がない！」と思ってしまったため、首のない姿でウロウロしなければいけなかったのです。

ここからは鑑真さんのアドバイスです。

首を落とされて死んだ場合、死んでしまったのだから、見えない世界では首はあるはず、魂になったのだから肉体は関係ない、と「思う」だけでさまよう事態にはなりません。

しかし、心のどこかで「でも、死ぬ時に首は落とされて、なかったしなぁ」「現実界では、私の首は三条河原にさらされてるんだよね〜」と考えてしまい、「やっぱり死んだあとも首はないよな〜」と、想念をうまくコントロールできないこともあります。そうなった場合、仏様に頼るといいそうです。

これまでに何回か書いてきましたが、仏様は幽霊に手を差し伸べることができません。波動の違いで、幽霊には仏様が見えないのです。ですからどんなに仏様が頑張っても、幽霊を直接〝仏様側から〟救うことはできません。

しかし、幽霊側からは方法があるのです。

「薬師如来は病気を治すだけではない。心も治す」

これは、曲がった心を正すという意味ではなく、死んだあとの傷ついた心も癒やすことができる、という意味です。

さきほどのたとえで言うと、「さらし首になったから、首がない！」と思ったら、死後の世界の体には首がありません。そうなったら薬師如来さんに「首をなんとかして下さい」とお願いをします。

実は、幽霊になった者の頭の中には仏様はいません。だから幽霊のままである、と言っても過言ではないのです。

幽霊になった者は「自分でなんとかする」もしくは「人に取り憑いてなんとかしてもらう」しか選択肢がない、と思っています。

しかし、幽霊でも、真言を唱えれば、または般若《はんにゃ》心経を唱えれば、進むべき道が見えてきます。それと同じで、幽霊になっても薬師如来さんを思い浮かべ、「首をなんとかして下さい」とお願いをすれば、仏様を心に描くその作用で首がくっつくのです。

生前に目が見えなかったから、死んだのちも「目が見えない」という間違った考えだけでなく、本人がどうしても自分で修正できない念……たとえば、「裏切ったあいつを殺したい」など、そのような念を消してくれたり、心の傷を治したりもしてくれるのです。

鑑真さんは微笑みながらこう言いました。

「仏を〝敬う存在〟として、ありがたい、ありがたいと手を合わせることは、それはそれでよい。しかし、仏は手の届かない、はるかに高いところにいる存在だからと、頭を低くして信仰しなければいけないという、そこまでの思いは持たなくてもよい」

仏様はもっと身近な存在です。もっと頼ってもいいのです。自分に近しい存在、気軽に頼れる存在だと思っても差し支えありません。

死んだあとで心が定まらない、混乱してどうしたらいいのかわからない、となったら、仏様にお願いすれば救われます。

「仏を頼れ、もっと甘えてもいいのだぞ、遠慮はいらん」

と鑑真さんは言っていました。

「生きている間もそうだ」

とのことで、私たち人間はもっと仏様に甘えてもいいそうです。

（人間が）神仏に助けを求めるから
神仏は手出しができる

台湾に行った時に、「関羽」さん（仏様になっています）に、お話を聞いたことがあります。関羽さんの像の前で、何回も何回もお辞儀を繰り返している現地の人がいました。頭を床につけて土下座のようなポーズで祈っている人も何人か見ました。

信仰心の厚い人がたくさんいるのだな、と思っていたら、

「よいことだ」

と、関羽さんは参拝者を見てそう言いました。

人生に行き詰まった時、生きることが苦しいと思った時、つらい時には、このように神仏に助けを求めたほうがいいそうです。というのは、お願いをされることで、神仏は手出しができるようになるからです。変な言い方になりますが、堂々と助けてやることができる、というわけです。

もしも、人間が神仏にまったくお願いをしなかったら……神仏は助けることができません。本人に頼まれてもいないのに、勝手に人生を変えてしまうことになるからです。たとえよいほうに変えるとしても、本人が知ったら喜ぶであろう展開にするとしても、勝手にあれこれできないのです。

これは神仏ルールに反するからです。

神仏には守ってやりたいと思う人間がいます。一生懸命に生きている人、人に優しくできる人、心が素直でピュアな人など、力になってやりたいと思う人間がいるわけです。その人が苦しんでいたら、なんとかして助けてやりたいと思います。

けれど、お願いをされなかったら……救うことができないのです。見ているだけになります。

神仏にいろいろとお願いをすることは、そういった意味で、大変よいことである、と関羽さんは言っていました。

つまり、神仏側からすれば、お願いをされたいということです。人間をサポートしてやりたいと思っているからです。ですので、お願いをすることに関して遠慮はいりません。

生まれる前に決めている人生計画だからどうしても変えられないとか、叶えないほうが幸せでいられる願いとか、ダメなものはダメと神仏がちゃんと判断してくれます。

見えない世界での計画や、未来がわからない私たち人間は、その時に思ったことを素直にお願いすればいいだけなのです。

御守

（お守りは）白いのを買え
白でなければ入りにくい

数年前のお話です。海外に行く前に、熊野三社（93ページに書いたように、私個人の熊野三社です）に参拝に行きました。海外旅行はツアーではなく、個人旅行のひとり旅、しかもレンタカーで走りまわる予定だったので不安がありました。できれば眷属に同行していただきたいと思ったのです。

玉置神社では、驚くことに神様が、

「ついて行ってやれるのはワシくらいだ（玉置神社、熊野本宮大社、飛瀧神社、この3社の神様の中で、という意味です）」

と言いました。

「えぇーっ！」

「12日間くらいだったら、ワシがついて行ってやろう」

本当ですかーーーっ！　と大興奮しました。眷属ではなく、神様が同行してくれると言うのですから、こんなに心強いことはありません。素直にお礼を述べ、

「では、お守りを買って帰ります」

と言うと、

「うむ。白いのを買えよ」

と、色を指定されました。

え？　白？　色が関係あるのかな？　一瞬ですが、そのように思ったら、

「白でなければ入りにくい……」

と言うのです。へぇぇー！　と驚きました。

神格が高い山岳系神様は、白い色のお守りでなければ入りづらいそうです。そして、

「お守りは絶対に下に置くなよ」

という注意もされました。

皆様も、不安なので神様に同行をお願いしたいという場合は、神様が宿る場所として、お守りを身につけます。できれば首から下げるのがベストですが、胸のポケットに入れてもかまいません。

神様の種類（山岳系かどうか）がよくわからないという人は、白色を買うと失敗がないのでおすすめです。

白馬の神様にも同じようなお話を聞いたことがあります。

白馬の神様は龍神と似ていて、自然霊としてのパワーが大きいです。龍神と同じく、や

やクールでもありますから、ベラベラしゃべったりしません。聞いたことには答えてくれますが、積極的に会話はしないのです。

まず神馬《しんめ》について聞いてみました。

「神馬って白くなければいけないのでしょうか?」

「白でなければ、神がじかに乗れない」

「え! そうなんですね!」

そういえば……と思い出しました。「鹿島神宮(茨城県)」の資料館で見た絵もそうだったのです。鹿島神宮から「春日大社(奈良県)」に神様をお連れする時に、神様が乗ったとされたのは、たしか白い鹿だったように記憶しています。

神様が〝じかに〟乗るのは白でなければいけないのですね。神様がお鏡とかおふだとか何かに宿っていたら、その〝ご神体〟を乗せるのは、黒を除き何色でもいいそうです。

神様のお使いが白馬なのは〝じかに〟乗ってもらうから、だったのです。


ついでと言ってはなんですが、イタリアでのお話も書いておきます。

バチカン市国にある「サン・ピエトロ大聖堂」の中には、正面の奥に祭壇があります。

祭壇の上部、ステンドグラスのところには、白い鳩《はと》が描かれています。

キリスト教では鳩といっても、「p・igeon」と「dove」の2種類がいます。p・igeonは、公園や街なか、そのへんにいる一般的な、灰色っぽい鳩のことです。doveは、やや小さめの、白い神聖な鳩です。

ノアの方舟《はこぶね》で、洪水が引いたことを知らせてくれるのは、doveです。

私がサン・ピエトロ大聖堂の広場に行った時に、p・igeonが広場を歩いていました。のんびりと広場をトコトコ歩いていたこの鳩は、可愛らしかったのですが、神聖な鳩ではないのです。

私は、サン・ピエトロ大聖堂の祭壇のところで、キリストとこの教会にいる高級霊の方々に、

「キリスト教の聖地であるこの場所の、パワーがたくさん写り込んだ写真を、カレンダーに使わせて下さい」

とお願いしました。

「読者さんに、バチカン市国のパワーをたくさん感じてもらいたいのです」

「神聖な雰囲気をしっかり感じてもらえるような、そんな写真を撮らせて下さーい！」

「お願いしますーーー!」

切々とお願いをして、それから撮影をしました。すると、白いカモメが青空を飛んでいる写真が撮れたのです。きっとdoveはこの地域にいないのでしょう。それで、わざわざ「白い」カモメを呼んで、神聖さを表現してくれたのです。

非常にありがたいこの写真は、キリストと、サン・ピエトロ大聖堂の高級霊の方々の、読者さんに対する思いやりも入っているので、感謝の気持ちを持って2024年のカレンダーに使わせてもらいました。

白は神様にとって、どうやら特別な色のようです。

身につけるお守りに宿ってもらいたいという時は、白を選ぶことをおすすめします。

守護霊が先に挨拶をしていることに感謝せよ

伊勢神宮内宮には何回か参拝しましたが、その時のことです。境内に入るかなり手前から……というか、車で行った時は離れた場所にある駐車場のあたりから、私の守護霊は私を置いて先に行きます。神様にご挨拶に行っているのです。それが大変わかりやすく、他の神社ではそこまで感じたことがなかったので、生前に伊勢神宮の斎王をされていた人だからだろうと思っていました。懐かしくて、つい気持ちがはやるのかな、と考えていたのです。

私の守護霊はかなり格が高いのですが、意外と可愛いところがあるんだ〜、と思っていました。でもこれは、私の勘違いでした。

奈良県の三輪山に登った時に、三輪山の神様に言われました。

「お前の守護霊はお前よりも少し先にいて、眷属や神に挨拶をしておる」

そのおかげで私は初回の参拝から、神仏に目をかけてもらいやすいと言われました。よい守護霊であると褒められました。

「この子をどうかよろしくお願いします」みたいな感じで、ご挨拶をしている守護霊の映像が見えて、ここで初めて参拝時の守護霊のありがたみを知り、感謝したのでした。

私の守護霊は生前、斎王という神様に仕える頂点にいた人でしたから、あちらの世界に行っても神仏界の仕組みに詳しいようです。皆様の守護霊も、同じような経歴を持つ人物だったら大丈夫ですが、生前は武将だった、お姫様だった、政治家だったという守護霊もいると思います。

となると、斎王だった人ほど詳しくない可能性があります。その場合を考えて、初めて行く神社などでは、「先に行って、ご挨拶をしていただきますようお願いします」と、守護霊に事前に頼んでおきます。

頼まれた守護霊は、守っている人のことがとても大事ですから、お願いはちゃんと聞いてくれます。守護霊の事前のご挨拶で、眷属や神仏に好印象を持たれ、目をかけてもらいやすくなります。

守護霊に先にご挨拶に行ってもらうことは、人間が考えるよりもはるかに効果が高く、大切なことなのです。

東京都にある「武蔵御嶽神社」でも同じようなことを言われました。

私はこの神社を参拝した日、奥の院まで登山をするというのに、靴の裏がツルツルのタウン用スニーカーを履き、クマが出没するというのに鈴もつけず、水のペットボトルは一応持っていましたが、食べ物は持たず、こまめに体温を調節できる服装でもありませんでした。

今思うと、なめた格好で登山をして申し訳ございませんでした、と頭を抱えてしまうほどの軽装だったのです。

このような場合、守護霊が事前にするご挨拶は、「軽装で登ります、どうかよろしくお願いします」だそうです。

するとそれを聞いた眷属が、本人の身を守りにふもとまで行きます。

武蔵御嶽神社の眷属は、私の格好を見て「こいつは無防備な格好で来おって……」と、あきれたのではないかと思います(汗)。けれど、守護霊が丁寧にお願いをしてくれたおかげで、しっかりと守ってもらえました。

このように守護霊は本当にありがたい存在です。いつも守っている人間のことを第一に考えてくれます。一番身近な存在でもありますから、遠慮なく事前のご挨拶をお願いするといいです。

第6章

日々を明るく豊かにする

人に思いを伝える方法は言葉だけではない
相手に真心が伝わるよう
心を砕くことが大切である

〜湊川神社《みなとがわじんじゃ》〜
兵庫県神戸市中央区多聞通3-1-1

お稲荷さんの取材をしている時でした。たまたまマップで見た「楠本稲荷神社」を目指して運転していたら、見覚えのある道に出ました。「あら？　ここって、もしかしたら湊川神社に行く道？」と思っていると、いきなり湊川神社の前に出たのです。

全然意図していなかったので、「うわぁ！」と本気で驚きました（湊川神社のご祭神である楠木正成さんについては『神様、福運を招くコツはありますか？』という本に書いています）。楠本稲荷神社は、湊川神社の境内社だったのです。

この時はお稲荷さん特集の取材だったため、神戸市をまわるといっても、参拝予定は稲荷神社ばかりでした。時間の関係もあって（そのまま別の地域に行く計画だったので神戸市には1日しかいられなかったのです）、湊川神社に参拝することはまったく考えていませんでした。というか、思いつかなかったのです。

けれど、思いがけず湊川神社を参拝することになり、「正成さんが呼んで下さったのだな～」と、しみじみとありがたい気持ちになりました。

境内に一歩入ると、いつものように正成さんが社殿から走って出てこられました。相変わらず気さくで、お人柄のよさがにじみ出ています。

「おぉ。よう来たのぅ～」

極上の笑顔で出迎えてくれました。

「お久しぶりです！」

正成さんは前回お会いした時よりも、さらに大きくて、強いパワーを持った神様になっていました。そのレベルアップのスピードが尋常ではありません。ありえない早さなのです。

正成さんはやはりすごいお方なのだ、とあらためて思いつつ、祝詞を奏上しました。正成さんは祝詞を「うむ、うむ」とうなずきながら聞いていました。

まずは私の孫娘の報告からしました。というのは、上の孫娘は息子のお嫁さんが正成さんに子宝祈願をして授かった子だからです。心根のよい子で、すくすく育っています、とお礼を言うと、正成さんはニコニコと嬉しそうでした。

ただ、この頃、孫娘は時々体調が悪くなることがあって、

「息子が非常に心配しています」

と言うと、

「心配ない。大丈夫だ」

正成さんは手をひらひらさせていました。何も心配するな、というジェスチャーです。

正成さんのおかげで授かった子ですから、しっかりと守っているそうです。ああ、ありがたい、と心からそう思いました。

感謝を述べ、それから孫娘のためにおふだや清め塩を買いました。

「あ、そうだ！　正成さん、後醍醐天皇のところに行かれたそうですね？」

「うむ」

ここでちょっと説明をしておきますと、奈良県の「吉野神宮」には、ご祭神として後醍醐天皇が祀られています。私が1回目と2回目にお会いした時は、後醍醐天皇は神様ではありませんでした（詳細は『「山の神様」からこっそりうかがった「幸運」を呼び込むツボ』という本に書いています）。

2020年に3回目の参拝に行くと、後醍醐天皇は神様修行に入っていました。神様修行はつらくてイヤだと言っていたのに、どうしてその気になったのかお聞きすると……正成さんがご機嫌伺いに来るから、と言うのです。

正成さんは余計なことは一切口にせず、いつもニコニコしているそうで、その笑顔が「きらびやか」だと言っていました。神格の高い神様になっているため、神様ではない後醍醐天皇から見たら、それはもう、キラキラときらびやかに輝いて見えるわけです。

そこで後醍醐天皇は思ったそうです。

「きらびやかさでは、私のほうが上でなければならぬ」

このひとことを聞いた時に、私は本気で大笑いしました。後醍醐天皇、好きだな〜、とも思いました（この時の詳しいお話は『神様のためにあなたができること』という本に書いています）。

私は後醍醐天皇に、ストレートに「修行をなさったらいかがですか？　頑張って下さい」と言ったことがあるのですが、聞いてはもらえませんでした。「はよ、帰れ」と、ハエを追うような仕草で追い返されました（笑）。


話を戻しまして……正成さんにこの時のことを報告しました。

「正成さん、私もまた吉野神宮に行きました！　3回目に行った時、後醍醐天皇が神様修行をなさっていたので驚きました。だって、2回目までは、そんな気はさらさらない、という雰囲気でしたから」

正成さんはにこやかに私の話を聞いています。

「後醍醐天皇は、正成さんがきらびやかだった、と言っていました。きらびやかさでは私のほうが上でなければならぬ、と思ったそうで、それで神様修行に入られたそうです」

「お前は、神様修行をなさってはいかがですか？　と言ったそうだな。その時の後醍醐天皇はご機嫌ななめではなかったか？」

「はい！　そうでした！　シッシッと、ハエを追うような仕草で帰されました」

正成さんにその光景が見えたのか、下を向いてフフッと笑っていました。そして、私を正面から見てこう言いました。

「人に思いを伝える方法は言葉だけではない」

どんなに相手のことを真剣に考えていても、心配していても、ストレートに言ってしまうと、うまく伝わらなかったり、受け入れてもらえなかったりすることがあると言います。相手が、自分からその提案や助言を受け取ろう、という気持ちになるようにしなければいけない、と言うのです。

「相手に真心が伝わるよう、心を砕くことが大切である」

たしかにそうだ、と反省しました。私はストレートに後醍醐天皇に向かって、「神様修行をなさってはいかがですか？」と言いました。悪気なく言ったのですが、よく考えてみると、そこには「どうしてしないのですか」という批判が含まれていたように思います。もしかしたら、神様修行をしない後醍醐天皇は怠け者、みたいなニュアンスで受け取られたのかもしれません。

ああ、しまった！　よく考えないとダメだな、と頭を抱えました。私は心を砕いていませんでした。猛反省しました。正成さんに教えてもらわなかったら、ずっと気づかずにいたことを思うと、怖いなとも感じました。

「正成さんが、ニッコリ〜と微笑むだけで、後醍醐天皇に何も言わなかったのは、こう言うと失礼で申し訳ないのですが、それは作戦だったのですか？」

「もちろんだ」

あ、やっぱり？　と思いました。後醍醐天皇に遠慮して、差し出がましいことは言わなかったのかなと考えたのですが、もしかしたら作戦？　とも思ったのです。

正成さんは心から後醍醐天皇のことを心配していました。

人を惹《ひ》きつける魅力を持ったお方であるし、絶対に神様になったほうがいい、なるべきお方だと考えていたのです。きっと器の大きい神様になるに違いないと、そこはちゃんとわかっているのです。心が広くて純粋なところがある後醍醐天皇ですから、神様にならないのはもったいないとまで思ったらしいです。

しかし、神様になるには修行をしなければいけません。そして、その修行はラクではないのです。神様修行に入らせることが難しい、というわけです。

修行は本人が「したい」と思わなければ絶対に続かないので、「神様になろう」「頑張ろう」と思ってもらえるように、うまくすすめなければいけません。

後醍醐天皇の性格や身分を考えれば、「しなさい」と上から言うのも、「してはいかが?」と指図するような助言をするのもダメなのですね。提案という形で言っても、素直に聞かない性格だからです。

「思いを伝える時は、相手が嫌がることをしてはいけない」

正成さんは熟慮したそうです。それで、きらびやかに微笑むことにしたのでした。笑顔を見せたそのあとは、何も言わずに帰る、ということを何回かやったそうです。

「正成さん、私にも見せて下さい、そのきらびやかな微笑みを」

お願いをすると、正成さんはニッコリと微笑んでくれました。口角をキュッと上げて、でも歯は見せずに、神格高く、神々しく、光り輝くような笑みを見せてくれたのです。優しさや慈愛がにじみ出ていて、柔らかく、すべてを包み込むあたたかさがあります。

微笑んだその瞬間に、全身がピカーッと光るようにもしています。神々しい光は黄金色に、放射線となって輝いていました。全身から光を発している正成さんは「ザ・神様！」という雰囲気で、思わず平伏してしまいそうになる、そんなお姿でした。

後醍醐天皇もきっとそう思ったのでしょう。純粋なお方ですから、口をあんぐり開けて正成さんを見ていたのかもしれません。そして、キラキラピカピカの正成さんに平伏しそうになって、「あれ？　こいつって臣下だったよな？」と思ったのではないでしょうか。

これを何回か繰り返されると……「なんで自分はキラキラピカピカしていないのか」「どうして自分が楠木正成よりも下なのか」と納得がいかない気持ちになったのだろうな、と思いました。それで自分から神様修行に入ったのでしょう。

このエピソードが教えてくれることは、誰かに何かを伝えたい、相手を動かしたいという時に、口でストレートに言うことが本当に一番いい方法なのかどうか、考えたほうがいいということです。

私が後醍醐天皇に、考えもなしにそのまま発言した、という事例は論外です。ありえません。ブッブーです。相手の気持ちをまったく考えていませんでした。

正成さんのようにしっかりと考えれば、夫婦や親子、恋人とのケンカも減るかもしれないと思いました。親しい間柄だと、ついなんでもストレートに言ってしまうので、ちょっと考えてみることが大切です。

上司や部下など、会社での人間関係だったらなおさらです。友人などにも、もっと心を砕いたほうがいいかもしれません。

なんでもかんでもストレートにハッキリと言うことが、最善ではないと教えてもらった、湊川神社での参拝でした。

人間はしたいことがあるから生まれてくる
なんとなく生まれてきたわけではないし、
偶然生まれたわけでもない

～伊佐爾波《いさにわ》神社～

愛媛県松山市桜谷町173

レンタカーを運転して道後温泉の街に入り、ふと前方を見たら、この神社の参道である長い石段が見えました。見た瞬間に「行かねば！」と思い、張り切って参拝しました。

実際に石段を歩いてみると、どうやら昔の古い石をそのまま使用しているらしく、丸く削られている感じがほんわかとしていました。参拝者を優しく迎えてくれる石段なのです。

ただし、雨が降って石が濡れていると、下りは怖いです。うっかり石の上に乗ったらツルリンとすべってビビりました。石段の幅が狭く、傾斜もきつかったので、雨の日は注意が必要です。

石段を上っている時に、ものすごい磁力というか、圧力を感じました。それは上にある社殿から流れてくるパワーではなく、参道の斜め右手のほうに感じるのです。下を向いて歩いていたのですが、顔を上げて見ると、提灯《ちょうちん》がひとつ掲げられていました。

なんと！　そこに大黒さんがいたのです！

クッキリ見えている大黒さんだったので、最初は「大黒さんの像を置いてるんだな〜」「大黒さんが狛犬《こまいぬ》の代わりなのかな？」と思ったくらいです。

でも、よく見たら、大黒さんはそこに置かれている「あ」の狛犬に宿っていました。像は狛犬ですが、大黒さんが宿っていたのです。参道の左にも狛犬が置かれていましたが、そちらには眷属は宿っていませんでした。

先に、大黒さんの話をしますと、狛犬像のところに小さなお社があったので、本殿を参拝したあとで寄ってみました。祀られているのが、由緒ではどのような神様になっているのかわかりませんが、やっぱりそこには大黒さんがいるのです。

どうやらわけありのようでした。

どうしてここにおられるのか聞いても、大黒さんだからでしょうか、答えてくれません。大黒さんは口数が少ないのが特徴です。ほぼしゃべらないと言っても過言ではありません。

この大黒さんに手を合わせるのは、小さなお社の前でも、狛犬のところでもオーケーです。理由は不明ですが、この場所におられます。ニコニコしている大黒さんですから、ごりやくがありそうです。私もしっかりお願いしました。もちろん、経済的なお願いです。

伊佐爾波神社は古いです。現在の場所に移転したのが、建武年間だそうですが、神社自体はもっと古代からあったようです。歴史があります。

石段を上がったところに楼門があり（拝殿のような場所になっています）、そこでご挨拶をしたあと、私は右側から回廊をまわりました。本殿とその周囲にある庭のようなエリアを、ぐるりとまわれるようになっているのです。

回廊を歩きながら、明るい色彩の本殿や楼門、その周囲の植物（鮮やかな緑）を眺めていると、古代からこういう雰囲気だったんだろうな、と過去に思いを馳《は》せることができます。

そういう不思議な力がある回廊なのです。

享保、天明、文政、文久と書かれた絵が展示されており、その絵を見たり、本殿や緑を見たりして雰囲気を楽しみつつ、意識を遠い過去に持っていくと……見えてくるものがありました。右側からまわると、まず古代の光景がうっすらと見えるのです。

回廊を歩くにつれて、見えている景色の時間が進み、古代から徐々に現代に向かっていきます。本殿の背面を通り過ぎ、左側の回廊に入ったところで景色は現代になりました。見えない世界で、面白い仕掛けがある回廊なのです。

右側で古代を感じている時は、庭も古代のものが見えますし、感覚も古代です。けれど、左の回廊で同じ場所を見たら「檜皮葺《ひわだぶき》は珍しいな～」と、感覚が現代になっていました。

このように〝時間の流れ〟を感じられる珍しい回廊です。

次に、左側から逆にまわってみました。すると面白いことに、時間の流れが逆に感じられました。現代から過去に向かって、江戸時代、室町時代、鎌倉時代、平安時代と、時が遡っていくのを実感できます。

見えない世界で、時の流れが回廊に組み込んであるのです。私は現代のほうから行くよりも、古代からまわったほうが楽しめました。感じ取りやすかったのもこちらです。

この神社に行ったら、自分の好きなほうから回廊をゆっくりまわってみることをおすすめします。一周したら、今度は逆向きにまわって、感覚の違いを比べてみるのも面白いかもしれません。見えない世界を感じる練習にもなります。

高台にある神社なので、山の神様かな？　それとも土地の神様？　と思ったのですが、人間のお姿が見えてびっくりしました。本殿に見えたのは男性の神様です。50代くらいでしょうか。文官の装束を着ていて、軍神ではありません。

八幡さんということで、宇佐神宮から来られたのか、石清水八幡宮から来られたのか、そこをお聞きしましたが、どちらも違うと言っていました。

「神様、私たち人間が持っておいたほうがいい、という言葉がありますか？」

この質問をしてみたら、ひとつあると言います。

「それはどのようなお言葉でしょう？」

「人間はしたいことがあるから生まれてくる」

「はい」

「なんとなく生まれてきたわけではないし、偶然生まれたわけでもない」

なるほど、と思いました。

そろそろ生まれ変わってもいい頃だから、もう一回人生をしてみようかな？　また生まれてみてもいっか～、と目的もなく生まれたわけではない、と言うのです。誰でもみんな、こちらの世界でやりたいことがあって、それをするために生まれてきた、と言っていました。

「それって、なんにでも挑戦したほうがいいってことでしょうか？」

神様は「挑戦する」という言葉は少し違う、と言います。この言葉には、ダメかもしれないけれどトライしてみる、試しにやってみる、そういうニュアンスがあります。

そうではなく、何かを〝する〟ために生まれてきているのだから、大事なのは〝する〟という行動なのだそうです。

「う～ん……難しいです」

神様が言っている日本語はわかりますが、真意がつかめません。具体的にどのようなことを言っているのだろう？　と、質問をしまくって、やっと理解ができました。それはこういうことでした。

神様は、「夢を叶えるぞ！」「これを成し遂げよう！」と、そういう大きな人生の目的、目標、夢のことを言っているのではありません。本当に「したいこと」について語っているのです。つまり、有名人になりたいとか、オリンピックで世界一を目指すとか、事業で大成功するとか、そういうことではないのです。

したいことは人によって違います。大きなものもあれば小さなものもあります。大きいからいいとか、小さいからイマイチというわけではありません。

たとえば、過去世で素晴らしい高僧の一番弟子だったとします。高僧を心から尊敬し、慕っていました。あちらの世界に行ってもその気持ちは変わりませんでした。高僧は仏様になる修行に入るのだろうと思ったら、生まれ変わる決意をしています。次は、民間人として仏様のよさを説いていく、という人生を選んでいます。

それを知って、なんとか高僧のお手伝いをしたい！　と思います。過去世でお世話になったし、自分をよい方向に導いてくれた人です。来世ではたくさんお役に立ちたいし、できる限りのサポートをしたい、恩返しをしたい、と思います。

このような思いを持って、高僧のあとを追うようにして生まれました。あとから生まれているので高僧より若いため、パソコンが苦手な高僧の代わりに、ネットで情報を発信することができます。

このように、誰かのサポートをするぞ、という意思を持って生まれることがあります。サポートをするつもりで生まれているので、過去世を思い出さなくても、サポートを「したい」と思います。あとは「する」だけなのです。

過去世では、戦争がある時代に貧しい国で生まれたため、学校に行くことができませんでした。勉強がまったくできない人生だったのです。次の人生では思いっきり勉強をしたい！　と思って、現代の日本に生まれてきました。

この場合、生まれつき勉強が大好きで、勉強を「したい」と思います。これも「したい」と思うことを「する」だけです。

先日、私は山登りをしていて、けもの道で迷いそうになりました。その時に、登山ルートの木にくくってある赤い布や、木に貼られている赤いテープに助けられました。それらがなかったら、本当に遭難していたと思います。

赤い布を木にくくる……というのも、もしかしたら、誰かの「したい」ことのひとつなのかもしれません。この行為は、山で遭難しそうな人の命を救い、山岳救助隊の負担を減らしています。人の役に立ちたい！　という思いを持って生まれてきた人がしているように思います。

私は取材に行くと、夕飯はほぼコンビニのお惣菜《そうざい》やお弁当です。コンビニによっては、レンジは自分で使用する、というところがあります。

いつだったか、パッケージに書かれている時間とワット数を確認し、ちゃんと指示通りにあたためたのに、アツアツになったことがありました。レンジから取り出そうとしても、熱くてさわれないのです。

「あっつ！」と、思わず大きな声が出ました。素手では無理だと悟り、レシートを重ねて、それで取り出そうとしましたが、これでも熱くてさわれなかったのです。

「あっつぅーっ！」と、ひとりで騒いでいたら、横で見ていた年配の女性が、

「袖で持つとか？」

と提案してくれました。長袖セーターの袖先を伸ばして手を隠し、こうして持ったら？　というジェスチャーつきでした。おぉ、それはいいアイデアだ、と提案通りに長袖の先っちょでつかんだら、取り出すことができました。

こういう小さな親切も人を助けます。ちょっとした親切な行為をたくさんしよう！　と

生まれてきた人は、こうした場面で「提案したい」と思うはずです。そう思ったら、「する」だけなのです。

私は前世の死ぬ瞬間に、神様を不思議な感覚で知ることができました。次は信仰心を持って生まれ、たくさんの神仏に会ってみたい、と思いました。それで、あちこちの神社仏閣を参拝「したい」と思うわけです。

「したい」と思ったことは「する」、これでいいのです。

人間は何かを「する」ために、何かを「しよう」と思って生まれているので、「する」ことが重要なのですね。「したい」と思うことは「しなさい」と神様は言っていましたが、「するかしないかは本人の自由である」ということもつけ加えていました。

決めるのは自分なのです。しなくてもオーケーというわけです。

絶対神が人間に〝生を与えてくれる〟のは、多くの感動（経験）をするためです。そこに、各自、自分なりの「したい」ことがあり、それをするために生まれています。だからといって、無理をして頑張らなくてもかまわないのです。なんとなく生きて、なんとなく一生が終わりました、という人生でも、本人がよければそれでいいそうです。

これは、熊野本宮大社の神様との会話です。

いろんな話をしていて、私が自分の人生について悩みを打ち明けた時でした。私にはやってみたいことがあり、でも、なかなか実行に移せないでいるのです。その時に、神様はこう言いました。

「後悔のないように、人生をまっとうしなさい」

「神様、それは使命をまっとうしなさい、ということですか？」

「ん？　人間に使命なぞないが？」

え？　そうなんだ！　と驚きました。

「デジタル大辞泉」を見ると、使命とは【与えられた重大な務め】【責任をもって果たさなければならない任務】と書かれています。つまり、使命があったら、絶対にそれをしなくてはいけない！　ということになります。

使命は、自分で考えて自分に課すのではなく、神様とかそういう高次の存在に与えられたもの、ということになります。

絶対神が「生まれたら、必ずこれをしなさい」と使命を与えることはありません。別の高次の存在が与えることもないです。人生に、絶対にこれをしなくてはいけない！　という、義務みたいなものはない、というわけです。

「でも神様、世界を変えたスティーブ・ジョブズさんって人がいましたが、あの方のやったことって使命ではなかったのでしょうか?」

使命ではないそうです。本人がやりたかったから、達成したかったから、頑張っただけであって、与えられたものではないそうです。しなくてもバチが当たるわけではないし、あちらの世界に帰った時に、叱られるわけでもありません。

ただ、本人が後悔するだけなのです。というのは、これを「しよう」という意思を持って、「する」ために生まれているからです。

使命、宿命という言葉はあっても、実際にはそれはないのです。

そのような与えられた使命はありませんが、「なんとなく生まれてみようかな」とか、「また人生をやってみようかな」と、目的もなく生まれてくることはありません。

誰もが生まれるにあたって、これをしよう、と決めたことがあるのです。「よし! 次の人生ではこれをやろう。そのために生まれよう!」と、決意してこちらの世界に来ているわけです。あちらの世界に帰った時に後悔しないためにも、しようと思ったことはしたほうがいい、というアドバイスでした。

信念を持って、精一杯、一生懸命に生きたら
その人生に後悔はない
満足できる生涯であり、
成功した人生と言える

〜行田《ぎょうだ》八幡神社〜

埼玉県行田市行田16-23

パッと見は広くないのですが、趣向をこらした神社です。本殿の周囲をぐるりとまわれるようになっており、涼やかな竹林が後方にあって、竹林の雰囲気が清々しい気持ちにさせてくれます。

境内にはとても大きな鉢がいくつか置かれており、そこには色とりどりのたくさんの花が浮かべられていました。この花手水は芸術と言えるほどのセンスで、参拝者の心をなごませてくれます。

境内には絵馬掛けがあちこちにあり、「ああ、これはいいアイデアだな」と思ったのは、〝お礼参り専用〟の絵馬があったことです。神社に「ありがとう」という感謝を置いて帰れるので、ここにお礼に行った時は、絵馬に感謝の気持ちを乗せて、境内に掛けて帰るといいです。

流れているご神気は本殿の裏側のほうが濃く、本殿裏が特に気持ちのよい神社でした。境内は歩くのも楽しいし、見るのも楽しく、花手水の写真を撮るのも楽しいという、ほっこりをいっぱいもらえる神社です。

この雰囲気から、女性姿の神様がいるように思われるかもしれませんが、神様は男性のお姿でした。しかも、裸足です。大変粗末な服を着ていて、槍《やり》を持っています。

はて？　どうしてそのようなお姿なのだろう？　と不思議に思いました。

八幡神社であることや、槍を持っているところを見ると、軍神のようです。しかし、私が今まで見てきた軍神は、甲冑《かっちゅう》をつけていたり、正式な武官の衣装を身につけていたり、そのようなお姿が多かったです。矢を背負った神様もいましたが、粗末な服ではありませんでした。

けれど、ここの神様は裸足で、質素な服がさらにボロボロになったようなものを着て、持っている槍も立派なものではありません。適当に作ってみました的な、木に刃をゆわえただけという簡易的なものなのです。

お話を聞くと、神様は生前、農民だったそうです。

鎌倉時代に生きていたようで、苦しい生活をしていました。満足に食べられない日々が当たり前で、それでも農作業をせっせと頑張っていました。たまに土木関係の仕事をさせられたり、面倒くさい雑用をさせられたりすることもありました。命令する領主や武士に逆らえなかったのです。

戦が始まると、当然、そこにも駆り出されました。農民には断るという選択肢がありませんでした。そういう時代だったのです。武術に長《た》けていなかったため、多くの仲間（農民）

が怪我をし、亡くなった者も少なくありませんでした。それなのに、ただの一度も戦で怪我をしたことがない、と言うのです。驚きました。

神様も槍の稽古などしたことはありません。

「扱いがじょうずだったのは、槍だけですか？」

刀を持たされることもあったそうです。けれど、身分は農民です。立派な刀を持たされることはありません。ほとんどが刃の欠けた、なまくらだったそうです。与えられた槍も粗末でしたが、そういう装備で戦場に向かったわけです。その武器で戦うしかなかったのです。

剣の練習もしたことがなかった神様ですが、戦場ではバッサバッサと相手を倒していました。一回も怪我をしたことがない、というのがすごいです。剣術の才能があったうえに、運動神経がずば抜けてよかったのだろうと思います。とにかくものすごく戦に強かったお人だったのです。

剣術の才能を認められ、仕官しないか？　という誘いが何回もあったそうです。でも神様はどんなに条件がよくても辞退しました。武士になることに興味がなかったからです。武士に憧れることもなかったし、出世したいとか、身分が高くなりたいという気持ちもありませんでした。欲がなかったお人だったのです。

妻と子どもたちとともに、畑を耕して生きることが好きだったそうです。家には年老いた母親もいました。父親は戦で早くに亡くなったので、残った母親を大事にしていました。貧しかったけれど、一家で仲良く、支え合って暮らす生活が楽しかったので、農民を辞める気持ちはまったくありませんでした。作物を育てることも大好きだったと言います。

神様は、一生農民で過ごしました。戦には何回か参加したそうです。

「亡くなって祀られたのですか？」

神様になったいきさつをお聞きすると、

「違う。祀られてはいない」

と言います。神様の当時のお名前が、仮に権兵衛さんだったとして、「権兵衛さんは戦に強かったから村を守ってもらおう！」と村の人々に祀られたのではないのです。

なんと！

「神にならないか？」

と、神様からじきじきにお誘いがあったと言うのです！

うわ〜、すごい！　そのような由緒は初めて聞くかも〜、と興奮しました。スカウトに来たのは、石清水八幡宮の神様だったそうです。

権兵衛さんは欲がなく、心根が美しい人でした。働くことを厭《いと》わず、妻や子ども、親を大事にし、一生懸命に生きた人です。神様のほうからお声がかかるのは当然のように思いました。

戦上手ということで、石清水八幡宮からお誘いがあったようです。

スカウトされた時、当然ですが、権兵衛さんはすでに死んでいました。妻や子どもを養う必要がなくなり、母親はずいぶん前に亡くなっていました。死後は特にやりたいこともなかったし、それなら神様になって、無理やり戦に駆り出される農民を守ろう、ということで石清水八幡宮に行ったそうです。

神様になる修行を積み、晴れて神様となり、軍神として石清水八幡宮で働いていました。行田八幡神社から勧請《かんじょう》をされた時に、ここをまかされることになったそうです。

「次の本のテーマなのですが、人間が心に持っているとよい言葉ってありますか？」

「信念を持って、精一杯、一生懸命に生きたら、その人生に後悔はない。満足できる生涯であり、成功した人生と言える」

出自、環境、身分、お金のあるなし、職業に関係なく、まっすぐな信念を持って一生懸命に生きたら、それは後悔のない人生となるそうです。

「いや、そんなことはありません。後悔だらけです」と思う人がいるかもしれませんが、生きている時にはわからないこともあります。真面目な人が損をする、という言葉があったりもして、さんざんな人生だと嘆いていても、あちらの世界に帰ったら、「頑張った、いい人生だった」と気づいたりするのです。

精一杯、一生懸命に生きれば、それは人生を成し遂げることができたという意味で、成功した人生です。死ぬ時に後悔や忸怩《じくじ》たる思いは一切なく、スカッと「ああ、いい人生だった」と、あちらの世界に帰ることができます。

生前の神様は仕官することに関して、信念を曲げることはありませんでした。脅しもあったそうですが、屈することなく、どんなにお金を積まれても、お金に目がくらむこともなかったのです。出世欲も金銭欲もなく、見栄などに流されることもありませんでした。

それは、神様が自分の持っているものの真価を知っていて、そちらを大事にしたということです。

満足な食事ができない、服もぼろ布、働きづめでしんどい……けれど、そのことで文句を口にすることはなく、妻や子ども、母親と仲良く暮らしました。笑いの絶えない家族だったそうです。作物を育てることも好きでしたから、農民を一生懸命にやりました。貧乏で苦しい生活でしたが、誠意を持ってまっすぐに生きたのです。

神様のお話を聞いていたら、お金持ちになったからいい人生、身分が上がったからいい人生、ということではないのだな、とあらためて認識しました。一生懸命に生きた、そのことが大切なのです。

私も精一杯、一生懸命に生きよう、満足できる人生にしよう、と心に誓った行田八幡神社での学びでした。

心は壊れやすい

追い込むようなことをしてはいけない

〜識名宮《しきなぐう》〜

沖縄県那覇市繁多川4-1-43

私はいつも元気で悩みもなく、ブログを書いたり、本を書いたり、取材に出かけたりしているように思われているのかもしれませんが……実はけっこう傷つきやすい面がありま す。

ちょっとした苦悩だったら、神社仏閣に行って神仏にグチを聞いてもらい、高波動を浴びて癒やされることで解決しています。くっついている悪念を祓ってもらって、なんとか無事に乗りきれたということもありました。

しかし、2023年にどうしようもない事態になったことがあります。

私がブログや本に書いている内容に異を唱える人が少なからずいることは、皆様もご存じだと思います。見えない世界のことを書いているのですから、意見の違う人がいるのは当然です。

私も「この説は大幅に間違えているな~」と思うものを読むことがあります。でも、それはその人の考えですから、私が否定したり、「違っていますよ!」とやり込めたりすることではありません。

見えない世界は、ある意味、宗教と同じです。空海さんが言うことを信じるのか、キリストが言うことを信じるのか、みたいな感じで、誰が言っている説を信じるのか……というだけなのです。

自分の意見と違うからといって、躍起になってその人を攻撃するのはよくないと思います。それは宗教戦争と同じだからです。ですから、私は意見が違う人を批判することはありませんし、反論されたからといって議論をすることもありません。

見えない世界のことは、どなたもあちらの世界に帰れば真実がわかります。それは逆に言えば、死ぬまで誰も証明ができない、ということでもあるわけです。

読者さんから、「識子さんのことを批判している人がいます。ブログで反論して下さい。でないと、識子さんを信じられなくなります」というメッセージをもらったこともありますが、信じてもらえないのなら、それも仕方がないと思っています。

空海さんはキリストと議論をしません。神社にいる神様も、薬師如来さんなど仏様と議論をしません。私も、意見が違うからといって誰かと議論をするつもりはありません。

このようなスタンスで、批判や中傷は気にしないよう努めてきましたが、アンチと呼ばれる人の中には、非常に辛辣な人もいます。しつこくつきまとってきますし、仲間を増やして、その仲間となった人にもけしかけて、集中攻撃をしてくるのです。

一時期、そのようなアンチの攻撃がひどく、それをネットで目にした読者さんも、読者さんからアンチに転じて攻撃してくる、という状況になったことがありました。

この時は正直言って、心理的に大変きつくて参りました。毎日、傷つくのです。悪口を書かれたメッセージがあちこちから届くためです。よって、毎日悲しい思いをし、つらい気持ちになり、暗い気分になっていました。泣いたこともあります。

誹謗中傷される悩みから抜け出せないようになり、常に心は沈んだ状態でした。

そんなある日のことです。いきなり感情がなくなりました。気持ちが重たく沈んだまま、まったく動かなくなったのです。何をしても楽しくないし、どんなによいことがあっても嬉しくありません。食事も美味しいと思わなくなり、笑うなんて絶対にありえない状態になりました。心が動かなくなったのです。

毎朝、目が覚めると「ああ、今日もつらい1日が始まるのか……」「今日も1日、生きなければいけないのか……」と、どんよりとした気持ちでため息が出るのです。

これってヤバいな、病院に行ったほうがいいのでは？　と思いつつも、取材の予定を入れていたので、仕方なく前泊のために羽田空港近くのホテルに向かいました。

いつもだったら、飛行機に乗る、旅行に出かける、というだけでワクワクします。けれど、心が動かないので、つらく苦しく重たい気分のまま、無感情で電車に乗り、ホテルにチェックインしました。

ホテルのお風呂につかっている時に、なんとも言えない厭世《えんせい》的な気分と言いますか、生きているのがイヤになった、みたいな気持ちになりました。

さすがにここまでの状態になると、「これは本格的におかしい。もしかしたら世間でいうウツの状態かもしれない」と冷静にそう思いました。

しかし、翌日からの予定をすべてキャンセルするわけにはいきません。まだ外出できるのだから大丈夫、本格的な心の病になると外出ができないらしいから、私はまだオーケー、大丈夫大丈夫、と何回も自分に言い聞かせました。

時々襲ってくる厭世的な気分と戦いつつ、とりあえず取材先である沖縄に行きました。

那覇空港でレンタカーを借り、参拝を予定していた場所のマップを表示させていたら、なぜか「識名宮」という神社名が光ります。識子と同じ文字を持つ神社だな、としか思わなかったのですが、キラリキラリとまぶしく光っているのです。

行くべき神社なのかもしれない。最初にここに行ってもいいか〜、時間はあるしね、と深く考えずに識名宮をナビにセットしました。

神社に到着して、拝殿の前まで進み、祝詞を唱えましたが、「祝詞は違う」という雰囲気です。拝殿では神様が感じられず、「いないのかな?」と思って、本殿の裏へとまわってみました。すると、そこに洞窟があったのです。小さな鍾乳洞《しょうにゅうどう》です。

地下へと降りるような感じの角度で入るようになっていましたが、入口には柵がありました。鍵がかかっているため、中には入れません。しめ縄が張られていたので、ここが奥宮なのかも? と考え、あらためて正式にここでご挨拶をしました。

この洞窟は、どうやら古くから信仰されてきた場所のようです。時間と歴史の重みがあります。この洞窟があるから、ここに神社を建てました、という感じなのです。洞窟内は本土の神様や仏様とは波動が違っていました。

琉球王国の神様かな? と見ていると、一瞬ですが、女性の神様がチラッと見えました。もとは人間ですが、非常に古い時代の女性です。おばあさんと呼んでも叱られないくらいの高齢です。

沖縄ですから、生前はノロだったお方なのかも? と思ったのですが、すぐに消えてしまったので、それ以上はわかりませんでした。

心が沈みっぱなしの動かない状態だったので、「わからなくてもいいや」と思い、お辞儀だけして神社をあとにしました。

参拝を終え、どうして「識名宮」という文字が光って見えたのだろう？　と思いました。特別な神社ではなかったし、光って見えたのは勘違いだったのかな、まあ、いいか、と神社を出て、その先にあったコンビニに入りました。

ここが非常に不思議なのですが、この時どうしてコンビニに入ったのか、自分でも「はて？」という状態でした。買いたいものはなかったのです。でもせっかく入ったので、ちょっとお高いアイスクリームを買いました（これもあとから考えると、どうしてアイスクリームを買ったのか謎でした）。

それをコンビニの駐車場で食べました。「美味しいなぁ」と思いつつ、もぐもぐと食べ、「ふぅ」と食べ終えて、満足感にひたっている時でした。

あら？　と気づいたのです。私の心が動いていました。アイスクリームを美味しいと思い、食べ終えたあとは幸福感を覚えています。

あ！　心がもとに戻っている！　と、気づきました。ウツのような沈んだ状態から脱出していたのです。

識名宮にいた時までは、果てしなく苦しく、つらい気持ちでした。なんの感情もなく、ただ洞窟を見て、参拝を終えただけだったのです。生きていることに意味はない、人生は楽しくない、そういう心の状態でした。

それが、なぜかコンビニに行き、なぜかアイスクリームを買い、それを食べ終えたら……いつもの私に戻っていたのです。

治っている！　識名宮のノロの神様が、心の不調を治してくれたんだ！

ということで、あわてて引き返しました。


境内に入ると同時に、洞窟のところまで思いっきり走り、そこで声に出してお礼を言いました。ここに来るまで自分がどういう状態だったのか、それはなぜなのか、という説明も詳しくしました。

治してもらえたことがどれほどありがたいことなのか、どれだけ感謝をしているのか、そこも省略せず、しっかりとお話をしました。

すると、ノロの神様がお姿を見せてくれたのです。さきほど一瞬見えた高齢の女性です。

もとは人間だったそうで、生前はノロのようなことをしていたと言います。けれど、当時は時代が古く、ノロという名称はまだなかったそうです。その名称ができるもっと以前に生きていた女性だったのです。

この女性は、正確に言えば、神様でも仏様でもありませんでした。宗教の違いです。キリストも神様でも仏様でもないので、同じような感じです。どちらかというと神様に近いので、便宜上「ノロの神様」とお呼びすることにしました。

ノロの神様はとても大きなパワーを持っています。神格も高く、高波動です。人間の病気など一発で治せる力をお持ちです。そこまで進化している神様ですが、現在も修行を続けていると言います。

それは、大勢の人間を助けるため、だそうです。

ひとりでも多く助けるには、それなりの巨大な力が必要です。そしてその力が曇らないようにキープをするためにも、修行は欠かせません。それで、神様となっている今も洞窟の中にいるわけです。洞窟で修行をしているからです。

私の心が動かなくなった理由を聞いて、ノロの神様はこう言いました。

「心は壊れやすい。追い込むようなことをしてはいけない」

「それは……私自身があの心の状態を作った、ということでしょうか？」

「人間の心は意外と弱い」

ノロの神様が優しく説明をしてくれます。

他人に傷つけられて心が弱っているのに、さらに自分で自分を追い込んだり、追い詰めたりするのはよくないそうです。

「あの？　神様。私は自分を追い込んだり、追い詰めたりしたつもりはないのですが……」

「悲しい気持ちが持続するように、そのことを何度も繰り返して考えなかったか？」

「考えました。ずーっと考え続けていました」

つらくなるような、悲しくなるようなことばかりを何度も繰り返し考える。それで気分を暗くさせ続ける。自分では意識しなくても、このように心を追い込むようなことをやり続けると、心は壊れてしまう、と言うのです。

「自分で自分の心を追い込んではいけない。絶対にしてはいけないことである」

「でも、次々に意地悪な意見とか、誹謗中傷、批判が来るんです。そういう時はどうすればいいのでしょうか？　楽しいことを考えればいいのでしょうか？」

「追い込むようなことを考えなければいい」

いや〜、神様、それが難しいんです、と言いそうになった時に、ノロの神様はニッコリと微笑んでこう言いました。

「こだわりを捨てればいいではないか」

その瞬間に、目の前がパーッとひらけました。

「あ！　そうですね！」

なるほど〜、とこれは私的には非常に納得がいきました。桜井識子にこだわるからしんどいわけです。もしも、「ああ、もう無理。ここまで」と思う時が来たら、自分の心を守るために、桜井識子をやめればすむ話です。そう思うと、さらに気持ちがス〜ッと軽くなりました。

誤解のないよう補足しておきますが、神様は桜井識子として書くことをやめなさいと言ったのではありません。こだわりを捨てればいいとアドバイスをしてくれたのです。心をそのように解放しなさい、という意味です。

いつでもスパッと手放せばいいんだ〜、と思うと、そう考えただけで、誹謗中傷も批判も気にならなくなりました。そうか、こういうふうに心を守ればいいのだな、とひとつ勉強になりました。

識名宮のノロの神様は「人間を苦しみから救いたい」と言っていました。人によって理由は違いますが、苦しんでいる人は多いです。そこから救い出してやりたい、原因を取り除いてラクにし、人生を謳歌できるようにしてやりたいとのことです。経済的な苦しみから救うこともあるそうです。

ノロの神様が昔から一番お得意とするごりやくは、平癒だそうです。私のあのウツっぽい状態を一発で治してくれた、もとに戻してくれた神様です。相当な力を持っています。落ち込んだ心を引っ張り上げるのは、すごいことなのです。

さらに私がありがたいと思ったのは、私は本土から来た旅行者で、識名宮の馴染みの参拝者ではありません。ご縁をもらっているわけではないのです。けれど、参拝した時の私を見て、「沈んだ心から抜け出せないようだな」「苦しんでおるの〜」と気づき、何も言わずにサラッと治してくれたのです。すごい神様です。その優しいお心遣いに涙が出ました。

私のような状態になった人や、ペットを亡くした、失恋したなど、そういう心の傷ができた人には本当に頼りになる神様です。

識名宮に行ったことがある人は「え？　あんなに小さな神社なのに？　そんなに強い神様がいるの？」と思われるかもしれませんが、いらっしゃるのですね。私も驚きました。高齢といっても背筋はピッとしていました。背は低く、やや小太りです。

参拝した時のお話はここまでですが、私が心底、驚いたのはこのあとです。

またしても辛辣な意見が届いた時に、それまでのクセで、暗く重たく受け止めようとしたら、ストッパーがかかっていたのです。

これまでは、きついことが書かれていたら、読み始めた時からどんよりと落ち込んでいました。「ああ、つらいな〜」と思いつつ読んでいたのです。

ノロの神様に会ったあとも、同じような反応になりそうになったものの、不思議なことに、「つらい」とか「悲しい」というふうに考えられなかったのです。ここは表現が難しいのですが、暗く受け止めることができない、悪いほうへ考えることができない、という状態でした。

批判をされた、と考えようとしても、考えること自体が続かないのです。ロックがかかっているというか、ストッパーがかかっているからです。ですから、きつい批判や誹謗中傷を読んでも「ふーん。なるほど」と涼しく受け取れました。

ここまでしてくれるノロの神様の親切に驚きました。徹底的に苦しみから救ってくれるのです。沖縄県ということで、他の都道府県からは気軽に行けませんが、信頼できる神様です。

最後に……ノロの神様が言った言葉を覚えておくと、心を守りやすいように思います。

心は壊れやすいのです。ですから、自分で気をつけなければいけません。うっかり追い込むようなことをしないように、苦しいと思うことを繰り返し考えないようにしたほうがいいです。

私のように、こだわりを捨てればいいとか、手放せばいいんだ、と思える問題だったら、この思考も役に立ちます。

心を守れるのは自分しかいません。このことはしっかり自覚しておかなければ、と思った沖縄での参拝でした。

人を思いやる余裕がない時は
人の悪いところばかりが目につく

〜琴崎《ことざき》八幡宮〜

山口県宇部市大字上宇部大小路571

社殿には、石清水八幡宮から来た男性姿の神様がいました。60代後半あたりの年齢でしょうか、恰幅《かっぷく》のいい体格で、武将とかそのような戦国時代っぽい感じではなく、武官という雰囲気です。ですから、少し古い時代に生きていたお方のようです。

ご挨拶をして、後ろから来た人のために左によけたら、「縁結びの樹」の案内がありました。先にそちらに行ってみました。

縁結びの樹は、根もとがひとつになっていますが、上部はキッパリと分かれていて、ウフフとなりました。わかるわ〜、その気持ち、と思ったのです。

縁結びの樹の下に着くなり、木が、

「縁結びはでききんのじゃがのぅ〜」

と言います。この縁結びという意味は、日本のどこかからピッタリ合ういい人を見つけてきて、さりげなく出会わせてあげる、ということです。そりゃ、そうだろうなぁ、木だもんな〜、と思いました。

「夫婦円満とか、恋人とラブラブの仲良しを持続させるとか、そういうことはできるのですか?」

こうお聞きしたら、そのような作用があるエッセンスをくれると言います。淡路島にある「伊弉諾神宮」の有名な夫婦大楠《おおくす》と同じ効果のエッセンスを持っているのです。相手と仲良くできる穏やかな心にしてくれる、相手への思いやりが深くなる、そういうエッセンスを振りかけてくれるそうです。

けれど、縁結びは難しいと言い、「相手を探すのは無理」と苦笑していました。

「下はしっかりくっついていますけど、上は離れていますよねぇ〜」

縁結びの樹の印象を言うと、爽やかに笑っていました。気さくなご神木なのです。

境内社の琴崎稲荷神社はすごくオシャレで、こざっぱりとしていました。

本殿の後ろからぐるりとまわって、最初は稲荷神社を後ろから見ました。大きな境内社ではありません。お社はスッキリとした感じで、その前には赤い鳥居が並び、お社のそばには非常に見た目のよい、姿の美しい木が茂っています。木が、お稲荷さんにセンスよく育てられているのがわかり、うまく育てているなぁ、と思いました。

雰囲気や、お社周辺のデザインが、なんとも言えず素敵なのです。鳥居の前には鉢に植えた花が置かれていました。こういうものも、神様の意思を受け取られる人に働きかけてお稲荷さんやその眷属が置かせています。

洗練されたオシャレのセンスがあるお稲荷さんで、珍しいです。

ファッションセンスを磨きたい人、建物をデザインするといったデザイン関係のお仕事をしている人、センスを問われる仕事の人などは参拝するといいです。

お稲荷さんご自身が有名なデザイナー？　というようなオーラを放ち、お社にスチャッと座っていました。カッコいいというか、才能がまぶしいというか、いろんなお稲荷さんがいるんだな〜、と思いました。


ご祭神には、この本のテーマである質問をしました。

「人間が心に置いていたらいいという言葉をひとつ、教えてもらえませんか？」

「人を思いやる余裕がない時は、人の悪いところばかりが目につく」

ああ、なるほど〜、という言葉です。

人間は誰しも、心に余裕がない、という時があります。悩みごとがあったり、体調が悪かったり、理由はいろいろですが、どう頑張っても心を広く持てない状態になっていることがあるのです。

そのような時は、つい人を批判しがちです。心に余裕があれば「そういうこともあるよね」と思いやることができるのに、自分に余裕がないせいで「あれはダメだよね！」と批判してしまいます。批判することでスッキリしたいからです。

悪口をたくさん言ったりする時もそうかもしれません。穏やかな心理状態だったら気にならないことでも、心に余裕がないせいでイライラしているため、腹が立つのです。悪口をたくさん言うと自分の評判を落とすとわかっていても、我慢ができないのですね。

ですから、なんだか人の悪いところばかりが目につくな～、という時は立ち止まって、よく考えることが必要です。

悪いところばかりが目につくのは、相手のせいではなく、自分に余裕がないからかもしれません。余裕がなくてイライラカリカリし、眉間にシワを寄せっぱなしの険しい顔をしていることを、知らないのは自分だけだったりします。

周囲に人の悪口ばかり言っていると、ろくなことにならないぞ、と神様は言っていました。一時的なよくない心理状態で自分を下げてしまうのはもったいない、とのことです。

なぜか人の悪いところばかりが目につく、悪いところが強調されて見える、なんだか無性にムカつく……という時は、自分の心の状態を冷静に見てみるといいかもしれません。

大吉
おみくじ

悩みは乗り越えるものではない
持たなければよい

~十《と》和《わ》田《だ》神社~

青森県十和田市奥瀬十和田湖畔休屋486

青森県にある「十和田神社」は、以前に一度、参拝したことがあります。たくさんのお話を聞いたのですが、私の記録ノートには記述がありませんでした。たぶん、音声で記録を取って、なんらかのミスでそれを消去してしまったのだと思います。

久しぶりに境内に入って、あ、そうそう、こんな感じだった〜、とご神気を思い出しました。しかし、前回の会話を何ひとつ覚えていないので、すべて一から聞きました（涙）。

「十和田湖を守る神様がいらっしゃるのでしょうか？」

「ん？　それがワシだが？」

この質問はどうやら前回もしたようです。へ？　それ前にも聞いたよな？　みたいな雰囲気でした。そこで、正直に事情を話すと、神様は朗らかに笑っていました。明るくて、包容力のある神様です。

湖には、湖ひとつに対して専門に守っている神様が1柱いるようです。

「琵琶湖とか諏訪湖もそうでしょうか？」

「そうだ」

話の内容から、神様同士の交流はないみたいでした。霊山に神様が1柱いるみたいな感じで、湖にも1柱いらっしゃるのですね。新たな発見です。

ここでは読者さんから届いたメッセージをそのまま質問してみました。

「悩みを乗り越える方法があれば教えて下さい」

人間には必ずと言っていいほど悩みがあります。人間関係がうまくいかない、お金が足りない、健康に不安がある、希望したような人生になっていないなど、悩み自体は人それぞれ違いますが、ほぼ誰もが悩みを抱えています。

読者さんから来たメッセージには、あまりにもつらい悩みなので、どう乗り越えればいいのかわからない、乗り越える方法があるのなら知りたい、と書かれていました。

「悩みは乗り越えるものではない。持たなければよい」

神様が言うには、悩みを持つから、そのマイナスの考えに引っ張られるし、心を乱されるそうです。時間も取られます。ちょっとした時間ができれば、悩みに意識を集中してしまいます。考えすぎて思い詰めると、余計に苦しくなったり、つらくなったりもします。

たしかに、悩みは持つこと自体よいことではないのでしょう。

「神様。悩みを持たなければいいというのは理解できます。でも、持ってしまうのです。たとえば、お給料が少ないとか、厄介な病気になって治療が大変とか、子どもを大学に行かせる学費が足りないとか……。人生って全部が思い通りにはいかないですよね？　なので、どうしても悩みを持ってしまうのです」

「悩むことで、状況が好転するのであれば、悩むのもいい。だが、いくら悩んでも変わらないことのほうが多いだろう?」

ああ、たしかに……。

神様は、抱えている問題自体を「つらい」とか「悲しい」とか「どうしよう」などと、くよくよ悩むのではなく、打開策を考えなさい、と言います。

悩みが職場の人間関係だったら、「あの人と一緒に仕事をするのはイヤだな～」「どうしてあんなに意地悪なんだろう」というふうに悩むのではなく、打開策として、上司に相談してみるとか、本人に正面から真心で話してみるとか、転属願いを出してみるとか、そういう前向きなことを考えなさい、と言うのです。

あんなことを言われた、こんなことを言われた、自分の失敗を言いふらされた、くやしい、つらい、とくよくよ悩んで落ち込んだり、悲しんだりするのは、とりあえず横に置いておきます。

そこを悩むのではなく、打開策を前向きに考え、実行してみるのです。もしも、すべての打開策が空振りに終われば、それはもう修復は不可能ということです。

さきほどの例で言えば、上司は事なかれ主義で見て見ぬふりをした、本人に真心で接してみたけれどまったく通じなかった、転属願いが却下された……となったら、もうあきらめるしかありません（便宜上、神仏に願掛けをする方法は除いています）。

つまり、くよくよ悩みつつ打開策をやっても、一切悩まずにやっても、やることは同じなのです。結果も同じです。となると、悩みつつやったほうが精神的にしんどい、というわけです。

「悩みすぎて、無駄な時間を過ごしたことはないか？」

「あります、あります！」

悩まなくてもいいことを、どれだけ悩んできたことか……。ものすごい時間を費やし、神経も費やしてきました。胃が痛くなったこともありますし、気分が落ち込んで立ち直るのに時間がかかったこともあります。

でも、今振り返って考えてみたら、あの悩みってなんやったん？　悩んだ意味なかったやん、と思うことだらけなのです。

悩みは持たなければいい、というのはたしかにそうです。神様が言うように、持たなければ自分がラクなのです。乗り越えなきゃ！　と考える必要もありません。

悩んでいたであろう時間を、趣味とか、自分が楽しめることに使うと、人生はもっと輝きます。もっと楽しい人生になるのです。悩んでも悩まなくても結果は一緒ということに、人生として限られた貴重な時間を使わなくてもいいのです。

神様は、「こんなに苦しいのです！」という参拝者の話を聞いて、「それは無駄な悩みだのぅ～」と思うことがしょっちゅうあるそうです。聞こえないとわかっていても、「悩まずともよいぞ」と声をかけたことが何回もあると言っていました。

そういえば、私も同じことを言われたことがあります。「それは悩むことではない、あとで解決するから」と。神様の言う通り、その後ちゃんと解決しました。

「人間はなぜそこまで悩むのか……」

神様はかわいそうにという感情を出して、ボソッとつぶやいていました。

大阪府にある「石切劔箭神社《いしきりつるぎや》」の神様も同じことを言っていたな〜、と思い出しました。人間は、生まれ変わって前世で持っていた悩みがなくなっているのに、今世では違うことでまた悩んでいる、と言うのです。

なぜそこまで、というふうに石切劔箭神社の神様も心を痛めているようでした。

どちらの神様も人間の苦悩を取り除いてやりたいと思っている、優しい神様なのです。

十和田神社の参道は、二の鳥居のところで直角に曲がります。そこを曲がらずにまっすぐ行けば高村光太郎の「乙女の像」があります。そこをさらに進んでいくと、十和田湖の湖畔に出ます。

湖を見ると、そこからは島が3つ見えました（実際には4島あるみたいです。果報島と呼ばれている2島がひとつに見えるのです。この島の上にはお社があり、恵比寿《えびす》さんと大黒さんが祀られています）。どの島にも木がはえていて、それがなんとも言えず可愛かったです。風情のある島だな、と思いました。

湖畔のその場所の右側には柱状節理の岩がありました。そこから向こうへは行けないように見えますが、行けます。行ってみると、小さな湾のようになっていて、柱状節理の岩に囲まれている水辺になっていました。ここが素晴らしいパワースポットでした。

波（湖だけれど波があります）の音を聞きつつ、ここで神様にお話をするといいです。湖の神様ですから、湖畔で話したことはすべて聞いていています。上空には青龍が泳いでいますし、いい環境なのです。願掛けするのにベストな場所です。

ちなみに十和田神社から山を登ったところにある「十和田青龍権現社」には龍はいませんでした。声も届かないです。でも、龍は神社の上空を泳いでいました。お腹が間近に見えるくらい、低空飛行もしていました。境内の上空をぐるりと旋回しているのです。

この龍とコンタクトを取りたい、龍にお願いしたい、という人は、十和田青龍権現社と「南祖殿」へ行く道の手前にある、大きな岩の上の祠《ほこら》だったら、声が届きます。

大きな岩には鉄のハシゴが掛けられており、それを登って、岩の上でぐるりとまわると小さな石祠の前に出ます。十和田湖歴史散策マップによると、この石祠は「八幡宮」となっていましたが、八幡さんではありません。

ここでお話をすれば、青龍に聞いてもらえます。若干、木々が邪魔なのですが、問題ないです。龍のほうも声がするその場所を見ています。

「本に書くと、ここでお願いをする人が来ると思います。どうぞよろしくお願いします」

そう言うと、泳いでいた青龍が上空でピタッと止まり、こちらを見てうなずいていました。見るからに太っ腹で豪胆な気質の龍ですから、「勝つ」とか「克服する」とか、そのような願掛けに強いです。

よくないものを落としたら、
まっすぐに出なければいかん
振り向くなよ

～釧路國一之宮　厳島《いつくしま》神社～

北海道釧路市米町1－3－18

「釧路國一之宮 厳島神社」は表参道から行くと、砂利道を登るような感じの境内です。この時は金運に強い神様を探していたので、

「金運にごりやくがある神社を探しているんです」

と伝えると、ここは違うと言われました。

違うのか〜、と思っていたら、

「ここは落とすことができる場所である」

と神様が言います。

え？ 何を？ と思ったのでお聞きしたら、

「よくないものを落とせる場所だ」

という答えが返ってきました。神社が建っているこの場所自体が「落とせる」ところだと言うのです。よくないものって、幽霊？ 厄？ と疑問に思いつつ、まずは授与所へ行きました。

そこには、「災」「厄」「病」という文字が抜けるようになっている（切り込みが入っています）絵馬がありました。これはたしか、奈良県にある「岡寺」でも見たことある！ と思い出しました。

岡寺では1枚しか買わなかったのですが、ここでは3種類全部買いました。1枚800円でした（私が購入した時の値段です）。

拝殿は自分で扉を開けるようになっています。開けて中に入り、絵馬の文字をそこで抜いて、抜いた部分を置いて帰るのです。

文字を抜く時に、たとえば「病」なら、小さな病気の芽があればそれを落として下さいとか、持病が悪くならないようにお守り下さい、というようにお願いをします。

「災」や「厄」も、自分がそうだと思うものがあれば、それを落として下さいと具体的にお話をします。

私も神様に言われた通りにして、ここに抜いた文字を置いて帰ることにしました。

拝殿を出て参道を戻る時に、参道には横道が通っていることに気づきました。正面だけでなく、左右からも出られるようになっているのです。長い表参道を歩かなくてもいいので、じゃ、右側から出ようかな、と思ったら、

「そこで曲がるなよ」

と神様に言われました。

「えっ？　どうしてですか？」

「よくないものを落としたら、まっすぐに出なければいかん」

理由は教えてもらえませんでしたが、拝殿から帰る時はまっすぐに歩き、正面の鳥居から出なければいけないそうです。手前にある横道でクッと曲がったらダメなのです。

では、表参道の鳥居から出よう、と歩こうとしたら、

「振り向くなよ」

とも言われました。

「振り向いてもダメなのですか？」

「そうだ」

ここで落とされたもの……たとえば、それが幽霊だったとします。もしも、その幽霊が落としていく人に未練があった場合、振り返ると、またぴょーんと飛んで、その人にくっつくらしいです。

厄、不幸、まれに病気もそうだと言います。

その本人に執着している場合、落とされたら「うわぁ、落とされてしもたぁ〜」と、その時はとまどっています。落とされた瞬間は、「えっと？」と、その状況がイマイチわからず、キョロキョロしているような状態です。その時に、本人がスタスタと去っていけば追うこ

とはありません。

ところが、その人がくるっと振り返ると、目が合うわけですね。目が合うと、「やった～」とそこに向かってよくないものは突進しますから、またついてしまうのです。

「絶対に振り返るなよ」

そうすれば、鳥居を出たところでスパーンと関係が断ち切られるそうです。

何かよくないものがついているようだ、それを落としたい、という時は、正面の鳥居から入り、拝殿で落とさせてもらい、そこからはまっすぐに戻ります。振り返らずに正面の鳥居から出ればオーケーです。


「災」と「厄」の絵馬についても聞きました。「病」はわかります。けれど、「災」と「厄」って同じような意味なのでは？　と思ったのです。

神様が言うには、ここの絵馬で落とす「災」は突然襲ってくる不幸で、「厄」は不運だそうです。

えっと？　それって一緒のような気がしますが……と、心の中で思いました。すると、もう少し詳しく説明をしてくれました。

突然襲ってくる不幸とは、予想もしないところで事故にあうとか、雷が家に落ちるとか、駅の階段を踏み外して転んで骨折するとか、そういうなんの理由もなく訪れる災難のことです。

厄というのは不運ですから、ついていないことが立て続けに起こるわ〜、みたいな感じです。昨日もついていなかった、今日もついていない、みたいな日々で、事故が起こるとか、骨折するとか、そのような大きめの不幸が起こるのとは違います。

襲ってくる不幸は、突然向こうからやってきます。不運は、うっかり不運を拾ってしまう、みたいな感じです。拾ってしまったので、しばらく自分のそばにある、というイメージです。

「願掛けはひとつが原則だと知っているのですが……せっかくこの神社に来たので、3つとも落としたい、という人もいると思います。それってアリでしょうか?」

「かまわぬ。落としたいものはすべて落として帰れ」

おおらかな神様です。

背負っていると重たいもの(他人からの念とか)、霊障、幽霊、不運、突然やってくるかもしれない不幸、病気など、とにかくいらないものはいくつでも落としていいそうです。珍しいごりやくの神社です。

ここの絵馬は、文字を抜く時にイメージしやすいので効果が高いです。落とせる場所にある神社で、この絵馬が売られているのはすごいな〜、と思いました。

「あの？　神様、落とすものとして、お金の念の垢《あか》はどうでしょう？」

「…………」

「お金には、念の垢がついているじゃないですか〜」

「それをどれで落とすつもりだ？」

え？　ああ、そうか。切り取れる文字の絵馬は「災」「厄」「病」しかないのです。

「どれにも当てはまりません……」

ここで神様は大笑いをし、締めの言葉としてこう言いました。

「悪いものを落として、健康になり、幸せになって長生きをすれば、それでいいのではないか？」

神様の言う通りです。そこに加えて「お金も増やして下さい」は、ないよな〜、と思いました。

この神社はつつがなく暮らすために行く神社です。ワシが落としてやる、ではなく、ここは落とせる場所、と神様が何回も言っていました。特殊な場所のようです。

見えない世界でいらないもの、よくないものを持っているかも？　という人は行くといいです。絵馬を買って、文字を抜きながら落とすものをイメージし、神様にお願いをします。3つとも使っていいそうですから、遠慮なくお願いすることをおすすめします。

人を100%信用するのは
自分を守るためにやめておきなさい

〜彦島《ひこしま》八幡宮〜

山口県下関市彦島迫町5-12-9

小さな神社です。境内もそんなに広くありません。

手を合わせて見えたのが、天女の格好をした女性の神様でした。あれ？　どうしてこのような神様が見えているのだろう？　と思いました。八幡宮には、宇佐神宮や石清水八幡宮から来ている軍神や武官の神様が多いです。

天女の神様に違和感があり、その場で創建を調べたら西暦1159年となっていました。865年くらい前ですが、見えている天女の神様が生きていた時代はもっと古いです。

天女の神様は軽井沢でも見たことがありますし、他でもたま～～に見ることがありま す。でも、ここの天女の神様は、格好が……というか、衣装が驚くほどしっくりくるのです。今まで見た中で一番天女らしいというか、ベストな天女という感じです。

「あの？　私には生粋の天女に見えるんですけど……」

「わらわは姫である！」

は？

目が点になったことを悟られないよう、質問をしました。

「それは、この国のお話ではありませんよね？　大陸から来られたのですか？」

「そうだ。大陸から流れついた」

流れついた……。

「えっと？　それって、流れついたのではなく、流された、のですよね？」

「…………」

神様は黙っています。神様ですから嘘はつけません。つまり、大陸から島流しといった感じで流されたお方のようです。そのあとで、「船でこの地に着いた」と言っていたので、間違いないと思います。

理由は教えてくれませんでしたが、どうやら政治的なあれこれで失脚させられたような雰囲気です。権力争いとか、そういう政界での策略にはめられたみたいでした。

神様がこの件に関して無言なので、別の話題に変えました。

「宇佐神宮か石清水八幡宮から、八幡さんは来ていないのですか？」

「ん？　ここにいるが？」

そう言われて、よく見たら、天女の神様の横で八幡さんが小さくなっていました。昔の武将だった神様です。勧請されたようですが、創建とされている時代よりもかなりあとのようです。ご祭神としているのではなく、天女の神様の小間使いみたいな位置にいます。逆らうことなく、黙って使われている八幡さんはすごく優しそうです。

「わらわが先にここにいて、あとからこの者が来た」

ああ、なるほど、と思いました。天女の神様は時代が古いので、最初は神社ではなく小さなお社、お堂だったのかもしれません。磐座《いわくら》だった可能性もあります。そこに八幡さんが来たおかげで、社殿が建てられたみたいです。

「あとから来た者は、先にいる者に従うべきである！」

「ひ〜え〜！　気位の高いお姫様にこう言われたら、八幡さんは逆らえませんよね？」

そう言うと、八幡さんは苦笑いをしつつ、それを言うな、みたいに両手で止めるようなジェスチャーをしていました。

その姿がおかしくて、3人で大笑いとなりました。

なんだかとってもいい雰囲気なのです。

「天女の神様、人間が心にひとつ置いていたらよいと思う言葉を教えて下さい」

「人を100％信用するのは……自分を守るためにやめておきなさい」

これはどういう意味かと言いますと、この人は100％、絶対に裏切らないだろう、という人がいたとします。性格もよく、人格も高く、正義感も強く、心から信頼できる人です。けれど、いくらそのような人でも、100％信用するのはやめたほうがいい、と言うのです。1％だけでいいから「もしかしたら？」という気持ちを持っておくべきだそうです。そうすると、万が一の時に自分が苦しまずにすむ、というのが天女の神様のアドバイスです。

「えっと？　それは1％、疑うってことですか？」

「そうではない。人間には避けられない事情が発生することもある。裏切りたくなくても、どうしてもそうしなければいけないことがあったりするのだ。そのような状況になるかもしれないことを、1％ほど覚悟しておけばよい」

「はい」

「自分の損得で裏切るとか、汚い心や悪い心で裏切るのではなく、申し訳ないがこうするしかない、ということもある」

たとえば、裏切って敵方につかないと子どもたちが殺されるとなれば、裏切るのも仕方がないだろう？　と言います。子どもの「命」と「裏切る」ことを天秤《てんびん》にかけるのはおかしい、人命のほうが重いので、そういう理由なら裏切られるほうも納得できる、というわけです。

人間にはどうしようもない状況になることがある。だから、1％はその覚悟のために残しておいたほうがいいと言っていました。

100％信じていると、何かあった時に自分が苦しみます。許せない！　なぜ裏切ったのだ！　と取り乱すと、余裕がなくなるので「相手に何があったのだろう？」と考えることもできません。相手の事情を理解しようという気持ちも生まれないのです。

たった1％でいい、そういうことがあるかも？　と思っていれば、実際に裏切られた時に少しは理解ができるし、しょうがないか、とあきらめることも可能です。それはつまり、自分が救われる、というわけです。

きっと天女の神様はそのような裏切りにあったのだと思います。育ちのよいお姫様のようですから、100％信じていた側近がいたのかもしれません。その人に裏切られて、海に流され、漂流して、違う国に着いた……。

どれだけ苦しんで悲しんだのだろうと思いますが、本人は最後までその件については話をしてくれませんでした。ですから、いただいたお言葉がその時の経験からだろうというのは、私の推測です。

あ、そうだ！　最後になりましたが、書き忘れるなよ、と言われていたことがひとつあります。

天女の神様はすっごい美人でした（笑）。

おわりに

神仏は日々、多くの人の願いを聞いています。願いだけでなく、悩みや困っている状況を話す人がいれば、そちらもしっかりと聞いています。ですから、人間の苦悩、その深さについてはよくご存じです。

悩み苦しむ人間を見て、神様も仏様もそのような人をなんとか助けてやりたい、力になってやりたいと考えています。けれど、参拝者全員を救うことは不可能です。毎日、朝から晩までしっかりと守り、願いも叶えてやるためには、最低でも参拝者と同じ数の眷属が必要だからです。

四六時中《しろくじちゅう》守ることが難しいとなれば、せめて声をかけてやりたい、励ましの言葉や元気が出る言葉を本人に渡したい、と思っています。しかし、その人がまだ神仏の声を聞くことができなければ、言葉は伝わりません。

そこで、たまたまやって来た私を通して、伝えることがあります。

私が全国各地の神社仏閣をまわり、多くの神仏にいろんなお話を聞いて思うのは、世間話のような会話をしていても、キラリと光る、ありがたい教えとなる言葉がある、ということです。

それは私に与えているのではなく、その神社仏閣を参拝する人にだったり、本の向こうにいる、その言葉を今必要としている人にだったりします。

神仏の言葉には、少しでも苦悩が薄まるように、悩みから解放されるように、という思いが込められています。本書に載せているのは、神様・仏様のあたたかい思いやりが入った言葉ばかりです。ですから、魂で受け取るようにして読むと、言葉やエピソードがじんわりと胸に広がっていきます。

この本の中で「これは心に響くな〜」と思う言葉があったら、それはその方にあてたアドバイスです。

私が書いた30冊の単行本にはたくさんの言葉があります。その中からどれを選ぶか、その選定作業が大変だろうと思ったのですが、意外とあっさり決まりました。書くべきものがあちこちの神仏の力で浮き上がってきたからです。浮き上がらせてくれたのは読者さんにご縁を与えている神仏です。

本書から、神仏の慈愛あふれる言葉を受け取って、それを生かし、よりよい人生になりますことを心から願っております。

桜井識子

桜井識子（さくらい・しきこ）

神仏研究家、文筆家
1962年、広島県生まれ。霊能者の祖母、審神者の祖父の影響で霊や神仏と深く関わって育つ。神社仏閣を2000ヵ所以上参拝して得た、神様・仏様世界の真理、神社仏閣参拝の恩恵などを広く伝えている。神仏を感知する方法、ご縁・ご加護のもらい方、人生を好転させるアドバイスなどを書籍やブログを通して発信中。『おみちびき 伝説の神仏が教えてくれた至福の生き方』（宝島社）、『ごりやく歳時記』（幻冬舎）、『100年先も大切にしたい日本の伝えばなし』（KADOKAWA）、『お稲荷さんのすごいひみつ』（ハート出版）、『神様仏様とつながるための基本の「き」』（PHP研究所）など著書多数。

桜井識子オフィシャルブログ「～さくら識日記～」
https://ameblo.jp/holypurewhite/

Staff
カバーデザイン／AFTERGLOW
本文デザイン・DTP／川瀬 誠
イラスト／根岸美帆

神仏のみことば
2024年4月4日　第1刷発行

著　者　桜井識子
発行人　関川 誠
発行所　株式会社宝島社
〒102-8388
東京都千代田区一番町25番地
電話（編集）03-3239-0927
電話（営業）03-3234-4621
https://tkj.jp

印刷・製本／中央精版印刷株式会社

ISBN978-4-299-05075-5

おみちびき
伝説の神仏が
教えてくれた
至福の生き方
桜井《さくらい》識子《しきこ》
神仏に愛される
真っ直ぐな生き方とは。
聖徳太子さん 役行者さん
真如海上人さん の教え
もとが人間だった神仏が人間である時に、どのように生きていたのか……ということは、私たちにとって大きな学びになります。その生き方、一生が、貴重なことを教えてくれるのです。
神仏
霊能力の
授かり方
も解説
定価 1540円（税込）
［四六判］
宝島社
お求めは書店で。
宝島社
検索
好評発売中!